Petra Elisabeth Siebert, M.A.

AF239616

Erfolg durch
wahrhaftige Kreativität

Autor:

Petra Elisabeth Siebert, M.A.

www.raum-fuer-kreativitaet.de; www.raum-fuer-kreativitaet.com

Danksagung

Zu allererst danke ich meinem Vater Heinrich Siebert und meiner leider schon verstorbenen Mutter Gisela in stillem Gedenken sowie meinen beiden Schwestern Ute und Elke mit ihren Familien für ihre liebevolle Förderung.
Dann danke ich von Herzen Herrn Walter van Laack, der mich zu diesem Buch ermutigt und mich bei seiner Umsetzung jederzeit tatkräftig unterstützt hat.
Ich danke Herrn Klaus Holoch, Frau Eva Willms, Frau Candelaria Martin-Boes, Frau Doris Menne, Frau Hilde Schiffer, Herrn Oliver Wünsch, Herrn Claus Fritzsche, der Künstlerin Anna K. Kleeberg und dem Fotografen Rüdiger Schleßelmann mit seiner Frau Sabine sowie allen meinen Freunden und all denjenigen, die mich in vielen Gesprächen bestärkten, mein Herzensthema zu bearbeiten und mir wertvolle Anregungen gaben.
Mein besonderer Dank gilt Herrn Christian Strücker und seiner Familie, die immer an meine Kraft glaubten.

Druck und Vertrieb durch
Books on Demand (BoD) GmbH, In de Tarpen 42, 22484 Norderstedt, www.bod.de
Printed in Germany

im Auftrag von:
van Laack GmbH, Aachen, Buchverlag
www.van-Laack.de   www.vanLaack-Buch.de   www.vanLaack-Book.eu
Email: webmaster@van-Laack.de   Fax: 03212-9319310

ISBN 978-3-936624-15-1

9 783936 624151

Inhaltsverzeichnis

Vorwort

Wissenschaftliche Erkenntnisse sind im ständigen Fluss. Das „eherne" Wissen von gestern ist manchmal nach Jahrzehnten, oft aber sogar schon nach wenigen Jahren überholt. Gerade in der Medizin und vielen mit ihr verwandten Gebieten findet sich ein sehr schnelles „turn-over".

Es ist noch nicht lange her, da galt das Gehirn als ein Organ, in dem es in den ersten Lebensjahren eines Menschen zu einer festgefügten und im Laufe des weiteren Lebens kaum mehr änderbaren oder gar erweiterbaren, hochkomplexen Ordnung von Zellen und ihren Verschaltungen kommt.

Forscher machten sich mit Eifer ans Kartieren sämtlicher Hirnregionen. Und nicht zuletzt auch mit Hilfe immer modernerer bildgebender Verfahren meinte man sich schnell und erfolgreich auf dem Weg, alles Wesentliche, was uns Menschen ausmacht, wie etwa unser Ich, unsere Persönlichkeit und unser Bewusstsein, *im* Gehirn zu lokalisieren.

Jeden Tag würden Hunderttausende Hirnzellen sterben, und manches Fehlverhalten beschleunige diese Entwicklung und sei unumkehrbar. Genauso hält sich der Glaube, nur als junger Mensch könne man erfolgreich lernen und neues geistiges Terrain erobern.

Wir wissen heute, all das ist falsch!
Unser Gehirn ist anatomisch ganz offensichtlich viel einfacher gestrickt, als jemals erwartet, und es erweist sich damit als weit weniger geheimnisvoll. Es ist heute ähnlich enttarnt wie der menschliche genetische Code: Das frühere Dogma seiner Bedeutung für praktisch alles, was uns ausmacht, ist längst als falsch erwiesen.
Die Leitungsbahnen des Gehirns verbinden bloß die Zellen aller Areale in den drei Ebenen des Raums so wie die Treppenhäuser und Korridore alle Wohnungen eines gigantischen Hochhauskomplexes.
Keine einzige seiner Fähigkeiten ist von vornherein und dazu noch lebenslang unverrückbar in einem festen Hirnbereich lokalisierbar, sondern alles kann lebenslang umgebaut und sogar neu angelegt werden, sofern die Zeit hierfür ausreichend lang ist. Und das Erstaunlichste ist, dass unser Gehirn ein Leben lang in der Lage ist, auf äußere Reize, Emotionen, Lernen, Üben und Training, quasi auf alles mit der Bildung neuer Zellen und Verschaltungen zu reagieren. Das Gehirn besitzt eine geradezu unglaubliche Plastizität, die auch im hohen Alter nicht zwingend nachlässt.

Ganz offensichtlich aber gehört zum erfolgreichen Lernen, ebenso wie zur sicheren und erfolgreichen Integration in unser soziales Umfeld, viel mehr als das bloße Lernen harter Fakten: So spielen Gefühle in jeder Form dabei eine entscheidende Rolle. Es muss die richtige Motivation gefunden werden, Sinneseindrücke müssen bewusster wahrgenommen und verarbeitet werden. Der Mensch braucht immer wieder die Chance, allein aus sich heraus und ohne ständige Angst vor zu viel Kritik agieren zu dürfen. Er sollte ganz einfach *wahrhaftig kreativ* sein können.

Petra Elisabeth Siebert hat sich in jahrelanger Forschung auf Gebieten, wie etwa der Wirkung von Kunst und Musik auf den Menschen, die verschiedenen Facetten seiner Emotionalität, seiner Persönlichkeitsentwicklung vor allem in früher Kindheit und Pubertät und insbesondere im Bereich der modernen Hirnforschung völlig neue Erkenntnisse und Wege erarbeitet.

Sie sind, so wird es dem Leser dieses Buches schnell klar werden, von großem, ja unschätzbarem Wert, selbst neue Erkenntnisebenen zu erschließen, was für jeden von unmittelbarer Bedeutung und praktischem Nutzen sein kann und, da bin ich mir sicher, sein wird.

So werden Unternehmen in der Lage sein, nicht nur neue und bessere – weil wahrhaftig kreative – Wege zu beschreiten, die es ihnen erlauben, sich auch unter schwierigsten Bedingungen am Markt besser zu behaupten: Sie werden damit insgesamt erfolgreicher sein. Ebenso wird sich mit diesen Erkenntnissen zum Beispiel das Niveau an Schulen durch Steigerung der Lernfreude verbessern. Museen werden mit interaktiven und geradezu spielerischen Gestaltungsräumen ihre Popularität auch in der Breite stärken. Das Geheimnis hinter all dem ist die Schaffung eines angstfreien Raums für die eigene „wahrhaftige Kreativität" des Menschen. Dies ist das Ergebnis ihrer langen wissenschaftlichen Arbeit, und dabei wünsche ich Ihr viel Freude und Erfolg.

Im Mai 2012   Prof. Dr. med. Walter van Laack

Einführung
Wahrhaftige Kreativität - ein bislang unbekannter Möglichkeitsraum als Schlüssel zum Erfolg!

Alle reden über Kreativität. Sie wird als Erfolgsgarant für Unternehmen, Schulen und in Museen gefordert. Doch jeder hat unterschiedliche Vorstellungen und Definitionen, was Kreativität eigentlich ist, woher sie kommt und was sie in Menschen auslöst. Nimmt man die lateinische Bedeutung, so kommt Kreativität von creatio – Schöpfung. Es ist die Fähigkeit, produktiv gegen Regeln zu denken, um Neues zu schaffen, indem man bereits vorhandenes Wissen auf ungewöhnliche Art und Weise kombiniert. Oft spricht man auch von „Querdenken". Das beschreibt den theoretischen Vorgang.
Doch wie und wodurch kann Kreativität in Unternehmen, Schulen und Museen gefördert werden?
Zum einen durch die Schaffung eines gemeinhin unbekannten *Möglichkeitsraums*, indem sich die Menschen mit Mut und Freude einer malerischen Herausforderung stellen, die durch ihre wahrhaftige Kreativität herbeigeführt wird (warum ich die Malerei dafür einsetze, werde ich noch genau begründen). Zum anderen durch die anschließende gezielte Verbindung der neu gewonnenen lebendigen Erfahrungen und der daraus resultierenden veränderten Wahrnehmung mit ihrem schon vorhandenen Wissen aus ihren Lern- und Arbeitsumfeldern. Dafür ist es wichtig, die alltägliche Sicherheit und Routine vorübergehend aufzugeben. Das klingt zuerst ungewöhnlich, ist es aber nicht; denn tatsächlich kennen wir dies schon aus unserer Kindheit.
Neu daran ist, dass ich interdisziplinäre Erkenntnisse aus unterschiedlichen Forschungsbereichen miteinander verbinde und auf das von mir entwickelte Modell *„Raum für wahrhaftige Kreativität"* übertrage und konkret beschreibe, warum, wieso und weshalb die Förderung gerade der wahrhaftigen Kreativität so wichtig ist.
Grundsätzlich baut mein Modell auf der lateinischen Übersetzung von Kreativität auf. Doch ich erweitere bewusst ihre Bedeutung durch die Ergänzung und Definition der *„Wahrhaftigkeit"*, die von der Echtheit, Reinheit und Authentizität der Handlung einer Person ausgeht.

Daraus entsteht in Kombination *„wahrhaftige Kreativität"*, welche in einem gesonderten Kapitel noch genauer definiert und erläutert wird. Die neuesten Erkenntnisse aus der Hirn-; Bindungs-, und Kreativitätsforschung bilden dabei ein elementares Fundament und sind Bestandteil meines Trainings in Unternehmen, Schulen und Museen (vgl. S. 56). Entscheidend ist vorab die Erkenntnis, dass jegliche Innovation, d.h. „Erneuerung", der Schaffung einer neuen Bewusstheit für die Förderung aller wichtigen Ressourcen im Menschen bedarf – der schöpferischen Potenziale – durch *„wahrhaftige Kreativität"*, als ein hierfür notwendiger Übergangs-, und unbekannter Möglichkeitsraum.

Ein weiterer bedeutender Aspekt der „wahrhaftigen Kreativität" ist, dass sie eine wichtige Voraussetzung für emotionale Intelligenz und Empathiefähigkeit ist und somit nachträglich das Trainieren dieser Schlüsselkompetenzen ermöglicht.

Natürlich ist mir bewusst, dass es schon zahlreiche bekannte Definitionen von Kreativität gab und gibt, die zuvor bereits in unzähligen Projekten und Modellen umgesetzt wurden. Aber oft boten viele dieser Projekte nur einen kreativen Event, der den harten Arbeits- und Lernalltag durch ein nettes Erlebnis unterbrach, um dann schnell wieder in die alten Strukturen und Arbeitsprozesse zurückzukehren. Es fehlte die erforderliche Nachhaltigkeit.

Mir geht es grundsätzlich um die Förderung der Bewusstheit für die lebenswichtige Bedeutung von wahrhaftiger Kreativität und deren praktische Umsetzung als notwendige und nachhaltige Veränderung, damit in unter-schiedlichen Lebens- und Arbeitsbereichen überhaupt erst „Neues" entstehen kann.

Setzt man mein Modell *„Raum für wahrhaftige Kreativität"* in Unternehmen, Schulen und Museen authentisch um, dann ist das langfristige Ergebnis:
„Innovation durch persönlichen und beruflichen Erfolg!"

Im Folgenden beschreibe ich zuerst die Situation in Unternehmen und Schulen. Dann gehe ich auf die Erkenntnisse der Hirn-, Bindungs- und Kreativitätsforschung ein. Im Ergebnis folgt daraus die Beschreibung der Notwendigkeit, einen *„Raum für wahrhaftige Kreativität"* zu schaffen.

Abschließend nehme ich Bezug auf unsere Wahrnehmungsentwicklung und Kunstbetrachtung, um mein Plädoyer für die Schaffung dieses Raums für unsere wahrhaftige Kreativität in Museen zu begründen.

Die Situation in Unternehmen und Schulen

Heute fordern Unternehmen von ihren zukünftigen Arbeitnehmern verstärkt emotionale Intelligenz und Schlüsselkompetenzen.

Auf der Suche nach neuen Wachstumsfeldern entdecken immer mehr Unternehmen den Menschen mit seinen Ressourcen und Potenzialen als Quelle zum Erfolg. Geht es um neue Geschäftsmodelle, dann steht die immaterielle Dienstleistung hoch im Kurs. Mit dem Slogan *„Wir müssen uns an der Gemütslage der Kunden – an ihren Bedürfnissen und Wünschen ausrichten"* bedarf es einer gefestigten Empathiefähigkeit, die sowohl intern im Unternehmen, wie auch extern, d.h. dem Kunden gegenüber, entgegengebracht wird. Durch großen Leistungsdruck, Konkurrenzkampf und Profitdenken wurden bisher jedoch in Unternehmen Empathie und Emotionen eher belächelt und als „Psychogedöns" abgetan. Allmählich aber scheint eine Kehrtwende einzutreten, da Unternehmen heute wesentlich höhere Anforderungen an ihre

Mitarbeiter stellen. Nicht nur sachliche Leistungen, sondern der ganze Mensch mit all seinen Kompetenzen, wie Kreativität, Innovationsfähigkeit und absolute Verbundenheit zum Unternehmen (Loyalität), ist gefordert. Die zentralen Führungsinstrumente sind dabei *Empathie* und *Emotionale Intelligenz (sog. Soft Skills)*. Ist ein Vorgesetzter in der Lage auf Mitarbeiter einzugehen, öffnet er damit erst die Bereitschaft, dass dieser alle wichtigen Ressourcen von sich aus einsetzt, um selbst erfolgreich zum übergeordneten Erfolg des Unternehmens beizutragen. Denn dieser sichert ihm seinen Arbeitsplatz. Das kann jedoch nur geschehen, wenn er sich dem Unternehmen auch emotional verbunden fühlt, weil seine Leistung wertgeschätzt wird. Doch wie sieht es wirklich in Unternehmen aus?

Emotionale Intelligenz:
Standortfaktor im Zeitalter der Globalisierung

Der von der *Gallup GmbH in Potsdam* publizierte *„Engagement Index"* listet seit Beginn der Messungen in 2001 für Deutschland kontinuierlich stabile Werte von über 80% der Arbeitnehmer in Deutschland auf, die *keine* emotionale Bindung an ihren Arbeitgeber haben, Dienst nach Vorschrift machen oder sogar innerlich gekündigt haben. Je nach Blickwinkel verstecken sich hier volkswirtschaftliche Schäden in Milliardenhöhe oder, anders formuliert, ein gigantisches Potential, welches auf seine Erschließung wartet.
Genau diese Tatsache ist auch der Grund, warum Begriffe wie Soft Skills oder Emotionale Intelligenz schon seit geraumer Zeit ein Trendthema sind. Es hat sich herumgesprochen, dass privater, beruflicher und unternehmerischer Erfolg sowie die Wettbewerbsfähigkeit ganzer Volkswirtschaften zu großen Teilen von weichen Faktoren wie Selbstvertrauen, Eigenmotivation, Empathie, sozialer Kompetenz, Kreativität, Innovationsfreude und Zielorientierung abhängen. Seitdem die Globalisierung uns fast flächendeckend den Wettbewerbsdruck ins Gesicht bläst, führt kein Weg mehr an diesem Thema vorbei.

Gallup und der geldwerte Vorteil guter Führung

Es gehört zu den großen Verdiensten des Gallup Instituts, den Einfluss weicher Erfolgsfaktoren auf harte Unternehmenskennzahlen präzise dokumentiert zu haben. In ihrem Bestseller *»First, Break All The Rules«*, in deutscher Sprache bekannt unter dem Titel *»Erfolgreiche Führung gegen alle Regeln«*. schildern die Autoren *Marcus Buckingham* und *Curt Coffman* das Ergebnis der weltweit größten Langzeitstudie über den Einfluss von Führungsqualität auf Profitabilität, Produktivität, Kunden- und Mitarbeiterzufriedenheit in Unternehmen Selbst in den perfekt durchorganisierten und standardisierten Filialen eines US-amerikanischen Handelskonzerns sind deutliche Gewinnunterschiede zu beobachten, wenn talentierte Mitarbeiter individuell, stärkenorientiert und empathisch geführt werden – oder eben nicht.

Das in vielen Management-Etagen vorherrschende Paradigma, Unternehmenserfolg ließe sich durch überwiegend harte Erfolgsfaktoren zentral organisieren, steuern und kontrollieren, wurde durch die Gallup-Daten stark erschüttert. Je größer der Wettbewerbsdruck einer Branche, umso mehr ähneln sich die harten Faktoren der Marktteilnehmer und umso größer ist die Wahrscheinlichkeit, dass ganz zum Schluss weiche Faktoren, bzw. der Umgang mit Menschen, über Erfolg und Misserfolg entscheiden.

Emotionale Intelligenz: Was machen wir falsch?

Stimmen die Zahlen des *Gallup „Engagement Index"*, wonach sich über 80% der deutschen Arbeitnehmer ihrem Arbeitgeber emotional nicht verbunden fühlen, Dienst nach Vorschrift machen oder sogar innerlich gekündigt haben, so stellt sich die Frage: Was machen wir falsch?

Der „Engagement Index" ist schließlich ein Indikator, welcher Rückschlüsse auf Veränderungsbedarf in weiteren Bereichen wie z.B. Kreativität, Innovationsstärke, Teamqualität oder Arbeitsproduktivität zulässt. *Weiche Faktoren* entschieden früher darüber, wie erfolgreich Unternehmen am Markt auftraten. Heute bestimmen sie immer öfter, *ob ein Unternehmen in Zukunft überhaupt noch existiert.*

Wer als Unternehmen, Behörde, Organisation oder Gesellschaft sein volles Potenzial ausschöpfen will, der benötigt ein Milieu, in dem Menschen zielorientiert das machen, was sie vor dem Hintergrund ihrer Talente gut können, was sie *„von sich aus" (intrinsisch motiviert)* gerne machen, in dem ein empathischer und zu persönlicher Selbstentfaltung ermunternder menschlicher Umgang vorherrscht, und in welchem Kreativität und Innovationsfreude systematisch gefördert werden.

Gefordert ist damit so ziemlich das Gegenteil der in Deutschland heute weit verbreiteten Kontroll- und Absicherungsmentalität, die bei Veränderung zunächst argwöhnt, ob man hier nicht über den Tisch gezogen wird. Da sich Globalisierung und die Vernetzung der Welt nicht mehr abschalten lassen, benötigen wir heute Menschen, welche das Tempo der Veränderung als Chance und sportliche Herausforderung betrachten und die eigene Person, den eigenen Arbeitsplatz und die eigene Gesellschaft Tag für Tag voller Kreativität und Innovationsfreude neu erfinden.

Soft Skills entwickeln: Dazu herrscht allgemeine Ratlosigkeit

Wer diese Zahlen nun so interpretiert, dass die vom *Institut für Wirtschaft in Köln (IW)* untersuchten Unternehmen die Zeichen der Zeit nicht erkannt haben, der irrt sich. Speziell Personalentwickler in Großunternehmen investieren sehr wohl in Maßnahmen zur Verbesserung der weichen Faktoren, sei es durch die Individualisierung von Entwicklungsmaßnahmen (Fokussieren statt Gießkannenprinzip) oder durch die zunehmende Verbreitung von Potenzialanalyse–Tools, z.B. bei Stellenbesetzung und Teamentwicklung.

Hinterfragt man jedoch einmal kritisch, wie es in Deutschland um die Effizienz von Entwicklungsmaßnahmen rund um *Emotionale* Intelligenz, wie Selbstbewusstheit, Selbstmotivation, Selbststeuerung, Empathie, soziale Kompetenz und *Soft Skills* wie Kreativität oder Innovationsfreude steht, so sieht es im Land eher düster aus.

Kleine und mittlere Unternehmen (KMU) sind hier überwiegend inaktiv. Und in Großunternehmen hat sich schon lange herumgesprochen, dass der Transfererfolg vieler Maßnahmen, ob als Wochenendseminar oder als zeitlich gestreckter Lernprozess, sehr häufig noch begrenzt ist. Ebenso hing unser Bildungs- und Weiterbildungssystem dieser Entwicklung hinterher.

Die Situation in Schulen

Gibt es auf dem Arbeitsmarkt schon solche zukünftigen Arbeitnehmer, wie sie eingangs beschrieben wurden?

Leider noch nicht, denn es mangelt viel zu oft Hochschulabsolventen, Abiturienten und Auszubildenden an diesen sogenannten Schlüsselkompetenzen, also Kreativität, Empathie, emotionale Intelligenz, Teamfähigkeit, Selbstmanagement und Kommunikationsfähigkeit. Genau das jedoch sind alles Eigenschaften, die immer mehr – natürlich *neben* dem Fachwissen – von den Unternehmen zukünftig gefordert werden. Gleichzeitig beklagen viele Schulen bei ihren Schülern ebenso einen hohen Mangel an emotionaler Intelligenz.

In dem Filmbeitrag „Das Wissen vom Lernen" meint *David Servan–Schreiber:* „*Heute liegt das Hauptproblem in den Schulen im Umgang mit Emotionen und im Mangel an emotionaler Intelligenz. Solange Kinder nicht gelernt haben, bewusst mit ihrer emotionalen Intelligenz umzugehen, können wir nicht darauf hoffen, dass sich ihr theoretisches Wissen verbessern wird.*" [1]

---

[1] Filmbeitrag von Erika Fehse, ZDF in Zusammenarbeit mit Arte (2005)

Was ist konkret mit emotionaler Intelligenz gemeint?

Emotionale Intelligenz ermöglicht die Fähigkeit, Emotionen genau wahrzunehmen, zu bewerten und auszudrücken, Zugang zu seinen Gefühlen zu haben bzw. diese zu entwickeln, um gedankliche Prozesse zu erleichtern.
Emotionen „untermalen" unsere Wahrnehmung, sie färben Erlebnisse und Gedanken, sie geben dem „nackten" Sinneseindruck eine Wertung.

Deshalb fordern Hirnbiologen, sowohl der emotionalen Intelligenz als auch der Entwicklung des „Emotionswissens" bei Kindern und Schülern schon sehr früh größte Aufmerksamkeit zu schenken. Dies geschieht aber nur dann, wenn man die unbefangene eigene Gefühlswelt bei Kindern, Schülern und später auch bei Arbeitnehmern und Arbeitgebern positiv fördert und trainiert.

Hirnforschung: Vom Problem zur Lösung

Was können wir also machen?
Schnell wachsende Volkswirtschaften und zukünftige Wettbewerber wie China und Indien zwingen uns dazu, weiche Faktoren zu einem Standortfaktor mit höchster Priorität zu machen.
Eine gute Nachricht: Erkenntnisse der modernen Hirnforschung zeigen uns den Weg, wie wir genau jenen Bewusstseinswandel anstoßen können. Ein blühendes Land der Kreativität und Innovationsfreude, des begeisterten Engagements und der Achtsamkeit im menschlichen Umgang ist möglich, wenn wir dazu bereit sind, bekannte Pfade zu verlassen und Bisheriges radikal in Frage zu stellen.
Die moderne Neurobiologie zeigt uns dabei, was bisher falsch gelaufen ist und wo wir ansetzen müssen, um Selbstbewusstheit, Selbstmotivation, Selbst-steuerung, Empathie, soziale Kompetenz, Kreativität und Innovationsfreude systematisch und in großem Maßstab zu fördern.

Was lehrt uns die Neurobiologie, um unser Gehirn besser zu verstehen?

Eine Aussage des Neurowissenschaftlers *Wolfgang Prinz* weist daraufhin, dass die moderne Hirnforschung zwar zu neuem Wissen führt, gleichzeitig jedoch auch leicht fehlinterpretiert werden kann. In einem Gespräch mit dem Frankfurter Hirnforscher *Wolf Singer* sagte Prinz:
„Ihren Erfolg verdankt die Hirnforschung ja zu einem wesentlichen Teil den neuen bildgebenden Verfahren wie etwa der Kernspintomografie. Damit kann man etwa zeigen, dass es an ganz bestimmten Stellen im Frontalhirn funkt, wenn jemand über ein arithmetisches Problem nachdenkt. Man hat also ein „neuronales Korrelat" gefunden, wie es in der Sprache der Neurowissenschaft heißt. Aber damit hat man natürlich noch keinerlei Erklärung dafür, wie das

arithmetische Denken zustande kommt und funktioniert. Das ist so ähnlich, als wolle man die Liebe allein mit Hormonen und Chemie erklären. Da finden sich zwar Korrelationen, aber das sind noch keine Kausalbeziehungen. Zu dieser Fehldeutung kommt es leider häufig." [2]

Es ist somit auch Vorsicht angebracht, wenn wir nur auf die Hirnforschung zurückgreifen. Nichtsdestotrotz gibt es unumstrittene Erkenntnisse, über die wir verfügen, seit man dem Gehirn bei der Arbeit zuschauen kann.

Fünf für die Entwicklung von Emotionaler Intelligenz sehr wichtige Aspekte sind hier hervorzuheben:

Plastizität: Unser Gehirn ist bis ins hohe Alter formbar und entwickelt sich auf motorischer, emotionaler und geistiger Ebene so, wie es genutzt wird.
Ob Blindenschrift, Tango tanzen oder Wahrnehmung und Gefühlsausdruck, Sie können auch noch mit 80 Jahren eine Vielzahl von Kompetenzen entwickeln.

Hemisphären: Linke und rechte Gehirnhälfte (Ratio und Intellekt versus Intuition und Gefühl) arbeiten *unterschiedlich und doch zusammen*. Wer die Entwicklung von Soft Skills fördern will, der muss sich *verstärkt* auf die Aktivierung der rechten Gehirnhälfte konzentrieren. Ein Training der Selbst- und Fremdwahrnehmung (rechte Gehirnhälfte) kann für junge Manager unter Umständen nützlicher sein als die reine Vermittlung von Wissen über Führung (linke Gehirnhälfte).

Neuronale Strukturen: Eine regelmäßig wiederkehrende Nutzung des Gehirns führt im Verlaufe des Lebens zu stabilen *„neuronalen Datenautobahnen"*, gleichzeitig jedoch auch zu latenter Veränderungsresistenz gegenüber ungewohnten Denk-, Wahrnehmungs- und Verhaltensformen. Die Etablierung neuer Kompetenzen erfordert daher eine intelligente Strategie, intrinsische Motivation (also aus sich selbst heraus), Zeit und Geduld.

Emotionen: Emotionen beeinflussen unsere Wahrnehmung, Motivation, Gedanken, Erinnerungen und unser Verhalten. Emotionen können sowohl gigantische konstruktive (z.B. Fußball-WM 2006: „Deutschland. Ein Sommermärchen"), als auch völlig destruktive (z.B. Amok, Lähmung, Depression) Energien freisetzen. Genau aus diesem Grund ist ein bewusster Umgang mit den eigenen Gefühlen und dem daraus resultierenden Denken von sehr großer Bedeutung.

Zeitfenster: Die Aneignung motorischer, emotionaler und geistiger Kompetenzen erfolgt bei Kindern in ganz bestimmten Phasen besonders effektiv („Lernfenster"). Erwachsene benötigen hingegen ein Entwicklungskonzept,

---

[2] aus „Die Zeit", 29 (2005)

welches ihrer veränderten Fähigkeit zur Neubildung neuronaler Strukturen, entspricht.

Welchen Einfluss haben Emotionen auf unsere Gehirnentwicklung?

Lernprozesse modellieren unser Gehirn. Emotionen sind Lernverstärker.
Neurobiologen beschreiben das Gehirn als ein aktives System, das mit einem gewissen Grundstock an Vorwissen auf die Welt kommt und dann sofort beginnt, Fragen an die Umwelt zu stellen. Die große Flut an Reizen und Informationen, welche auf uns im Alltag einströmt, sowie die mit diesen Reizen verknüpften Emotionen bestimmen dann, wie sich das Gehirn entwickelt, welche Verhaltens- und Lernleistungen später überhaupt möglich sind.
In der frühkindlichen Phase wird die Reifung des Gehirns besonders durch emotionale Erlebnisse bestimmt, die das Grundmuster der neuronalen Verschaltungen im limbischen System anlegen. Ähnlich einem Bildhauer, der von einem groben, unstrukturierten Stein überflüssige Teile wegklopft und damit eine Skulptur erschafft, modellieren Lernprozesse das zunächst mit einem Überschuss an Synapsen ausgestattete Gehirn. Sie sorgen dafür, dass selten gebrauchte Verschaltungen aufgelöst, häufig aktive dagegen verstärkt und gefestigt werden. Vom ersten Greifen eines Säuglings über das Sprechen, die traumwandlerische Vertrautheit mit den Lebensläufen aller Pokemons bis hin zu den Englisch-Vokabeln – einfach alles, was wir lernen, verändert unser Neuronennetzwerk.

Riesiges Potenzial: Die Plastizität des Gehirns

Das Gehirn ist ein faszinierendes Organ: Es wiegt etwa 1,4 kg, macht zwar nur ca. 2% des Körpergewichts aus, verbraucht jedoch mehr als 20% der Energie des gesamten Körpers. Seine Spezialität: Es kann sich in verblüffender Form regenerieren und umformen. Neurowissenschaftler nennen diese Eigenschaft *„Plastizität"* und meinen damit die Fähigkeit, ständig neue Verknüpfungen zu bilden. *Manfred Spitzer*, Leiter des *Transferzentrums für Neurowissenschaften und Lernen* in Ulm, sagt uns über das Gehirn:

„Unser Gehirn enthält einige Milliarden Neuronen, die für irgendetwas in der Welt stehen. Dadurch ermöglicht es dem Menschen, Dinge zu tun, die andere Lebewesen nicht können. Menschen sind dank ihres Gehirns unglaublich flexibel, bevölkern den gesamten Erdball und sind sogar erste Schritte auf den Mond gegangen. Im Gegensatz zu den vom Aussterbenden bedrohten Tieren ist der Mensch dank seines Gehirns nicht auf eine Sache besonders spezialisiert,

sondern kann sich auf die verschiedene Umgebungen, Aufgaben und Probleme einstellen. Kurz: Er kann lernen." [3]

Wie entwickelt sich das Gehirn?

Bereits bei der Geburt besitzt wohl jeder Mensch über Hundert Milliarden Nervenzellen, die sich im Laufe des Lebens leicht verringern, sich nach den neuesten Erkenntnissen der Hirnforschung aber sogar im Alter wieder erneuern können. Besonders wichtig ist dabei, wie sich Nervenzellen, Axone und Synapsen bilden und wie sie miteinander kommunizieren. In den ersten beiden Lebensjahren wachsen vor allem die Fortsätze (Neuriten mit Axonen sowie Dendriten), über die jede Nervenzelle elektrische Signale zu über Tausend weiteren schickt. Spezielle Kontaktstellen, die *Synapsen*, übermitteln dann die Informationen zwischen den einzelnen Nervenzellen auf biochemische Weise. Über hundert Billionen solcher synaptischer Verbindungen schließen sich in Neuronen zu Netzwerken zusammen, die auch über größere Distanzen miteinander kommunizieren können. Zunächst entstehen zwischen den Nervenzellen – gleichmäßig verteilt – Synapsen im Überschuss. Wenn dann bestimmte Neurone auf Merkmale ansprechen, die oft gemeinsam auftreten und so entsprechend häufig synchron feuern, verstärken sich noch die Synapsen zwischen diesen Nervenzellen und bleiben langfristig erhalten.

Im Gehirn des Neugeborenen sind die Nervenzellen miteinander wie ein gleichmäßiges dichtes Netz verbunden, das Impulse in alle Richtungen weiterleitet. Bis etwa zum zweiten Lebensjahr nimmt die Zahl dieser Verbindungen (Synapsen) zu. Mit dem Prozess des Lernens, d.h. der Häufung von Impulsen über bestimmte Bahnen, verstärken sich die Synapsen, während die weniger genutzten verkümmern.

Je vielfältiger die Anregungen sind, desto komplexere Strukturen bilden sich. Nach und nach entsteht im frühkindlichen Gehirn eine richtige „Karte" der Reizwahrnehmungen.

Neugier und Aufmerksamkeit bringen unser Gehirn auf Trapp

Die Vielfalt der Außenreize bestimmt, wie komplex sich die Nervenzellen verschalten und miteinander kommunizieren. Allerdings nehmen wir keineswegs alle Reize wahr; denn dann kämen die grauen Zellen schnell an den Rand ihrer Möglichkeiten, die Fülle an Informationen sinnvoll zu ordnen. Stattdessen findet ein ständiger Auswahlprozess statt, der jenen winzigen Teil herausdestilliert, der wichtig genug ist um im Gehirn abgelegt zu werden. Darüber entscheidet die Aufmerksamkeit. Sie veranlasst die Sinnesorgane, aus

---

[3] Spitzer, M., „Lernen – Gehirnforschung und die Schule des Lebens" Spektr. Akad. Verl. (2002)

der Fülle der Reize diejenigen herauszusuchen, die bewusst verarbeitet werden sollen. Da das Gehirn in erster Linie Änderungen in der Umwelt interessiert, wecken neue, auffällige oder bewegte Objekte die Neugierde fast automatisch. Unbekanntes erregt die Neuronennetze besonders stark und wird deshalb besonders leicht als Information im Gedächtnis abgelegt.

Kinder lieben Überraschungen und ihre Gehirne auch

Für welche Reize sich das Gehirn des Kindes entscheidet hängt aber auch in erster Linie von der Bedeutung und Bewertung ab, die es einem Geschehnis beimisst. Vor allem Erwartungshaltungen wecken die gezielte Aufmerksamkeit. Jede Meldung von den Sinnesorganen veranlasst das Gehirn, das Gedächtnis später nach Informationen zu durchforsten, die zu dem aktuellen Vorgang passen. In diesem Zusammenhang sind die Sinne und die Sinnessorgane von großer Bedeutung, denn sie liefern die Information der Dinge außerhalb von uns.

Die Wichtigkeit unserer Sinnesorgane und ihre Sinneswahrnehmung

Schon im Bauch der Mutter entwickeln sich unsere Sinneswahrnehmungsorgane. Sie reifen und beginnen mit der Informationsaufnahme, der Verarbeitung im Gehirn und leiten Reaktionen ein.
Dabei spielt der Wahrnehmungsprozess eine wichtige Rolle. Er ist ein entscheidender Bestandteil der evolutionären Entwicklung des Nervensystems.
In der Auswahl von Sinneserfahrungen sind Kinder von Natur aus meist sehr sicher, ebenso bei der Auswahl von Betätigungen zu ihrer sensomotorischen Lernerfahrung, also in ihren Reaktionen. Sie tun das mit Neugier, Tatendrang und Freude und lernen dadurch jeden Tag mehr von sich und ihrer Umgebung.
Es handelt sich dabei um einen enorm wichtigen Vorgang, der das Nervensystem stetig weiterentwickelt, damit immer komplexer strukturiert und so auch die Grundlagen zum Beispiel für Sprache, Denken und emotionales Lernen bildet. Genau dieser Lernvorgang im Kindesalter ist übertragbar auf das spätere Leben und von großer Bedeutung für das spätere Verständnis zur Schaffung eines *„angstfreien Raums für wahrhaftige Kreativität"*, um auf diese Weise wieder Veränderungen in der Wahrnehmung in Gang zu setzen. Darauf werde ich später noch näher eingehen.

Weiterhin ist die Unterscheidung von **zwei großen Sinnesbereichen** für das Verständnis unserer Lernvorgänge im Gehirn sehr wichtig:
1) Die Innenfühler: Sie geben uns Information über uns selbst.
2) Die Außenfühler: Sie geben uns Informationen von unserer Umgebung.

Zu den *Innenfühlern* zählen unsere Haut, unser Herz, unsere Muskeln, unsere Gelenke und unser Gleichgewichtsorgan im Innenohr.

Von der Haut erfahren wir etwas über unsere Körperhülle, also unsere äußere Wand und ihre Begrenzung. Sie hat eine Fläche von 1 bis 2 qm und besitzt die meisten Eigenfühler, mit etwa 245 Fühlern pro Quadratzentimeter. Damit gibt sie Informationen über Körperform und Körpergrenze und kann gleichzeitig auch das Umfeld ertasten. Sie nimmt außerdem Druck- und Temperaturunterschiede auf.

Von unserem Herzen und den anderen inneren Organen erfahren wir etwas über das Innere unseres Körpers. Die innere Wahrnehmung vermittelt uns unsere Befindlichkeit. Diese hat immer Vorrang vor andern Wahrnehmungen.

Von den Muskeln erfahren wir unsere Kraft und das Gefühl für Bewegung. Die Muskeln und Gelenke geben den inneren Organen die Körperinnenwahrnehmung über Stellung und Bewegung des Körpers im Raum.

Von den Gelenken erfahren wir etwas über unsere Gelenk- und Körperhaltung. Muskeln, Sehnen und Gelenke lassen uns unsere Stellung, Bewegung und Kraft empfinden und kontrollieren. Ihre Wahrnehmung stützt uns.

Von dem Gleichgewichtsorgan im Innenohr spüren wir die Stellung unseres Kopfes in Bezug zur Schwerkraft, und über den Gleichgewichtssinn wird unser Körper mit dem Umgebungsraum über die Schwerkraftempfindung verankert.

Zu den *Außenfühlern* gehören die Nase, die Zunge, das Ohr, die Hand und das Auge.

Die Nase vermittelt uns den Geruch. Wir erfahren von ihr den ersten und unmittelbarsten, oft unbewussten Eindruck von unserer Umgebung.

Die Zunge vermittelt uns den Geschmack. Von ihr erfahren wir etwas von den Geschmackqualitäten wie z.B. süß, sauer, salzig, bitter oder scharf. Das Ohr vermittelt uns über die Frequenzen der Luftschwingung den Klang. Wir erfahren Töne in den verschiedenen Tonhöhen und Geräusche unterschiedlicher Lautstärke. Vornehmlich die Hand, aber auch der Mund, das Gesicht und andere Hautpartien vermitteln die Beschaffenheit unserer Umgebung, die nicht zu riechen, zu schmecken, zu hören und zu sehen ist, sowie die Temperatur und die Struktur von Gegenständen und Personen.

Das Auge vermittelt uns die Farben und Formen der Umgebung. Wir erfahren vom Auge hell und dunkel, Schatten und Licht und das sichtbare Spektrum der Farben.

Über Riechen, Schmecken, Hören, Tasten und Sehen erobern wir unser Umfeld. Wir brauchen von allen Personen und Gegenständen möglichst Informationen aus allen Sinnesorganen. Dann erst können wir sie im Gehirn optimal speichern und die gespeicherten Informationen schnell und geordnet abrufen.

Diesen Vorgang nennt man *sensorische Integration*.

Warum ist die sensorische Integration ein absolut wichtiger Vorgang?

Sensorisch heißt *„die Sinne betreffend"*: Dabei sind unsere Sinnesorgane Türen zur Aufnahme von Sinnesreizen. Ihre Fühler sind Eingänge und Zuträger, durch die wir Informationen über unseren Körper und unsere Umwelt aufnehmen.
Die Wahrnehmung ist der Transport dieser Information über die Nervenwege zum Gehirn. Entscheidend für alle neuen „Lernprozesse" ist die Wahrnehmungsverarbeitung. Die Bearbeitung dieser Informationen auf ihrem Nervenweg bis hin zur Hirnrinde ist gekennzeichnet durch die Auswahl und die Verknüpfung mit anderen Informationen. Dann erfolgt die Einordnung und Deutung des Gefühlten, des Gerochenen, des Geschmeckten, des Getasteten, des Gehörten und Gesehnen.
Sensorische Integration ist also die Einsortierung und Deutung dieser Information im Gehirn und die Verwertung dieser Informationen zur Beantwortung von Sinnesreizen mit der erwünschten Handlung.
Hierbei fließen sämtliche früher gemachten Erfahrungen und Erlebnisse ein: Erinnert beispielsweise ein neuer Sachverhalt an etwas Interessantes oder Erfreuliches, aktiviert das Gehirn alle damit irgendwie in Zusammenhang stehenden Nervennetze. In diese baut es das Neue dann ein – schon ist es gelernt. Die Nervenzellen vergleichen den aktuellen Input ständig mit schon vorhandenen Gedächtnisinhalten. Je mehr passende Daten schon vorhanden sind, desto leichter prägt sich Neues ein: Es ist ein sich selbst fördernder Prozess.
Im Umkehrschluss heißt das aber auch, dass das *limbische System (Gefühlszentrum)* erst einmal auf alle Inputs direkt reagiert, noch bevor das Bewusstsein Einfluss nehmen kann. Über den „Umweg" der Großhirnrinde wird die Situation mit früheren Erfahrungen verglichen und gelangt somit in das Bewusstsein. Gefühle können das Lernen fördern oder hemmen, indem sie die Aktivität neuronaler Netze intensivieren und damit ihre synaptische Verschaltung stärken. Bloßes Wissen verflüchtigt sich oft rasch, Gefühle bleiben dagegen meist lange erhalten. Das Gehirn nutzt das, indem es verschiedene Gedächtnisinhalte möglichst immer mit einer Gefühlstönung verknüpfen möchte.
Die Wahrnehmung unserer Umgebung hängt somit von den Informationen ab, die über verschiedene Sinnesorgane gewonnen werden. Um über die Wahrnehmung ein einheitliches und zuverlässiges „Bild" unserer sinnlichen Umgebung zu erhalten, muss das Gehirn Informationen, die von verschiedenen Sinnen kommen, vereinheitlichen. Findet keine richtige sensorische Integration statt, erliegen wir einer illusorischen Wahrnehmung. Die Frage, *„Wie nun das Gehirn Informationen von unterschiedlichen Sinnen vereinheitlicht, und wie Informationen von einem Sinn für die Analyse der sensorischen Informationen eines anderen Sinnes hilfreich sind"*, gehört zu den Herausforderungen, denen sich die heutige neurowissenschaftliche Forschung immer wieder neu stellt.

Was bedeutet sensorische Integration für die Entwicklung der Lernprozesse des Menschen?

Dazu meint die amerikanische Psychologin *Jean Ayres*, Mitbegründerin der sensorischen Integrationstherapie: *„Sensorische Integration bedeutet das sinnvolle Ordnen von Sinneserregungen im Gehirn, so dass der Mensch sich und seine Umwelt genau wahrnimmt, zu Lernprozessen fähig ist und auf Umweltgegebenheiten angemessen reagieren kann".*

Die sensorische Integration ist somit ein Prozess, der überall und jederzeit in unserem Gehirn stattfindet. Wie Reize aufgenommen und verarbeitet werden, hängt ab von der individuellen Veranlagung, von dem Reifegrad des Zentralnervensystems und von der Qualität der Sinnessysteme und deren Interpretation; denn so erfahren wir unsere Wirklichkeit.

Da sich die sensorische Integration schon im Mutterleib rasch entwickelt und über das frühe Kindesalter als Prozess mit abnehmender Tendenz lebenslang fortsetzt, ist sie für unser Leben von großer Bedeutung, auch ganz besonders in der Pubertät! [4]

Die Vernetzung der Sinneseindrücke bildet die Basis für den Erwerb einer Vielzahl von Fähigkeiten, wie z.B. von Kraftdosierung, Handlungsfähigkeit, Sprache, zwischenmenschlicher Interaktion, Empathiefähigkeit, Sozialverhalten, Fantasie und der Fähigkeit zu abstraktem Denken. Weiterhin ermöglicht die positive sensorische Integration später den Jugendlichen eine hochsensible Anpassungsfähigkeit an die neuen Umweltanforderungen; denn in der Pubertät sind sie dabei, früher oder später die Sicherheit ihres Zuhauses, und so den Schutz durch ihre Eltern, zu verlassen.

Gleichzeitig setzt das Gehirn Botenstoffe frei, die Mut und Neugierde für „ihr neues individuelles" Leben hervorrufen, damit sie eine eigene Identität aufbauen und auch einen liebenden Partner finden können. In dieser Phase des Lebens ist es unsagbar wichtig, durch einen angstfreien Raum für ihre wahrhaftige Kreativität das Selbstvertrauen in die eigenen schöpferischen Potenziale zu stärken, um so die eigene emotionale Intelligenz zu fördern.

„Selbstachtung, Selbstkontrolle und Selbstvertrauen entwickeln sich in dem Bewusstsein, dass der Körper als ein zuverlässiges sensomotorisches Gebilde existiert und rühren von einer guten Integration des Nervensystems her" (Jean Ayres).

Bisher ging es um die Entwicklung des „Denkens" und „Handelns" über die Sinnesorgane, die sich auf den Menschen als Einzelperson beziehen. Doch das ist nur ein Teilaspekt; denn der Menschen ist auf Bindungsfähigkeit angewiesen, um zu existieren. Sie ist die Voraussetzung für die Entwicklung von „Soft Skills", Empathie und emotionaler Intelligenz.

---

[4] in FOCUS 13/12, Feuerwerk im Kopf

Exkurs zur Bindungsforschung

An dieser Stelle ist es nun wichtig, einen kurzen Exkurs zu den neusten Forschungsergebnissen der Bindungsforschung über Empathiefähigkeit und emotionale Intelligenz zu machen.

Zur genetischen Grundausstattung des Menschen gehört die Fähigkeit zur Empathie. Ihre Entwicklung wird durch frühe Bindungserfahrungen unterstützt und so erst entwickelt.

„Zwischen dem zehnten und zwölften Lebensmonat weinen Kinder, wenn sie andere Kinder weinen hören. Allerdings ist das kein Ausdruck von Mitgefühl, sondern eine Gefühlsansteckung. Um Empathie zu empfinden, muss sich erst ein eigenes Ich entwickeln. Zwischen 18 Monaten und vier Jahren entwickelt sich die Empathie." [5]

Ein Beweis dafür zeigt ein Versuch der Entwicklungspsychologin *Doris Bischof-Köhler*: Eine Spielpartnerin täuscht Trauer vor, weil ihr ein Teddy kaputt ging. Das Kind spiegelt die plötzliche Emotion und blickt zuerst verunsichert zur Mutter, die sich aber unbeteiligt gibt. Dann folgt ein durch Empathie ausgelöstes Verhalten. Das Kind will helfen und bietet als Trost ein anderes Stofftier an. Zu solchem Handeln sind nur Kinder fähig, die sich selbst bereits im Spiegel erkennen.

Sehr wichtig ist dann, dass sich erst nach der Entwicklung der Empathie die Ausbildung der eigenen Identität anschließt. Ohne Spiegelung der Bedürfnisse des anderen im eigenen Ich gibt es keine Empathie und kein soziales Handeln.

„Im vierten Lebensjahr kommt eine weitere Fähigkeit dazu, die man ‚Theory of Mind' nennt. Das bedeutet, dass das Kind ab jetzt über Bewusstseinsvorgänge nachdenken kann. Es ist in der Lage, Überlegungen darüber anzustellen, was in anderen vorgeht", so Bischof-Köhler. Dies ist ein enorm wichtiger Schritt, da hier die Basis für Vertrauen und Verstehen gelegt wird.

Eine weitere Entwicklung erfolgt dann ab ca. dem siebten Lebensjahr, die *„kontextuelle Empathie"*. Jetzt werden die eigenen Gefühle und die der anderen in einen biografischen Kontext gestellt. Kinder wissen nun, dass man Gefühle auch verbergen kann. Empathiefähigkeit entsteht jedoch nur dann, wenn man sich Gefühle auch erlauben kann. Negative Einflüsse, wie Stress und Misshandlung in der Kindheit beinträchtigen diese Entwicklung. [5]

Entgegen jahrelanger Vermutungen, dass diese emotionalen Muster unveränderbar sind, können nach neuesten Erkenntnissen die schon angelegten und oft auch negativen, blockierenden neuronalen Muster durch positive Erlebnisse „neu überschrieben" werden!

Das Wunderwerk Gehirn erlaubt es Menschen auch, sich Kompetenzen anzueignen, welche rund um das Thema Soft Skills und Emotionale Intelligenz von Bedeutung sind: Also beispielsweise die bewusste Selbst- und

---

[5] in TV, 3sat, SCOBEL: „Wie Empathie entsteht – Von der Gefühlsansteckung zur „echten Emotion" (2012)

Fremdwahrnehmung, Empathie, Selbstmotivation, Selbststeuerung oder die Fähigkeit, Kontakte zu knüpfen und tragfähige Beziehungen aufzubauen. Der Hirnforscher *Gerald Hüther* sagte hierzu in einem Interview:

„Die in den letzten Jahren von den Hirnforschern mit Hilfe der sog. bildgebenden Verfahren gewonnenen Erkenntnisse machen deutlich, dass sich neuronale Netzwerke und synaptische Verschaltungsmuster umorganisieren, wenn es einem Menschen gelingt, sein Gehirn anders als bisher zu benutzen, wenn er sich beispielsweise mit 70 dazu entschließt, ein Musikinstrument zu erlernen (und es dann auch tut), oder wenn er sich die Blindenschrift aneignet, weil er seine Sehfähigkeit verloren hat. Es geht also. Das Gehirn ist durchaus veränderbar, sogar noch im Alter. Das ist die frohe Botschaft der Hirnforscher. Aber damit sich dort etwas ändert, muss man sein bisheriges Leben verändern, von liebgewordenen Gewohnheiten und Bequemlichkeiten Abschied nehmen, seine bisher stillschweigend gehegten oder lauthals verkündeten Überzeugungen noch einmal grundsätzlich in Frage stellen. Und das ist leichter gesagt als getan.“ [6]

Die *rechte Gehirnhälfte* ist die Schatztruhe der Emotionalen Intelligenz

Aus Sicht der Hirnforschung zeichnet sich das deutsche Bildungssystem durch eine bedenkliche „Linkslastigkeit" aus. Der Unterricht fördert die Dominanz der linken Gehirnhälfte. Abstraktes Denken, das Ansammeln von Zahlen, Daten und Fakten stehen im Vordergrund, sei es als Grammatikregel, mathematische Formel oder Wissen jeglicher Art. Die Entwicklung von Soft Skills und Emotionaler Intelligenz erfordert hingegen eine systematische Aktivierung der rechten Gehirnhälfte. Warum? Aus dem einfachen Grund, weil z. B. kreative Lösungen neben breitem Wissen auch wichtige, in der rechten Gehirnhälfte generierte Kompetenzen wie Kreativität, Vorstellungskraft, Phantasie, Intuition und integratives, bzw. ganzheitliches Denken benötigen.

Die *linke Gehirnhälfte* ist vermutlich mehr spezialisiert auf das Erkennen und Verarbeiten von Einzelheiten, wie zum Beispiel von Zahlen, Daten und Fakten. Hier finden wir auch eher Vernunft und logisches Denken sowie der Verstand repräsentiert, bzw. mit ihr verbunden. In der linken Gehirnhälfte werden Informationen bevorzugt Schritt für Schritt, d.h. hintereinander oder seriell bzw. sequentiell, verarbeitet.

Ist einmal eine Einstiegspforte in einen solchen schrittweisen Informations-verarbeitungsweg gewählt, wird dieser wie eine Einbahnstraße durchlaufen. Dies führt dazu, dass wir nur eine begrenzte Wahlmöglichkeit haben: Entweder wir gehen diesen Weg der Einbahnstraße oder wir gehen ihn nicht. Unser Denken und Handeln ist dann durch dieses Entweder- oder Prinzip bestimmt.

---

[6] Hüther, G., „Du bist Deutschland, Gehirn und Gefühle", Quelle: Internet (www.psychophysik.com)

Die schrittweise Verarbeitung von Informationen macht unser Denken und Handeln leichter störanfällig. Denn falls ein Schritt in dieser Einbahnstrasse blockiert ist, stehen uns keine anderen Wege mehr zur Verfügung. Unser Denken und Handeln läuft dann in eine Sackgasse.

Die *rechte Gehirnhälfte* dagegen ist voraussichtlich mehr spezialisiert auf das Erkennen und Verarbeiten umfassender Informationen, etwa von Bildern, Erfahrungen, Bedeutungen und Zusammenhängen. Mit Hilfe der rechten Hirnhälfte fühlen wir uns in andere ein, bewerten Dinge nach „gut" oder „schlecht", ergründen Bedürfnisse und Motive und erfahren Sinn in dem, was wir oder andere tun. Weiter werden Bilder, Melodien, komplexere Muster wie etwa Gesichter sowie Informationen über den Raum und die Position des eigenen Körpers gespeichert. Die rechte Hirnhälfte verarbeitet Informationen bevorzugt parallel, d.h. gleichzeitig. Dies geht deshalb, da ihr viele verschiedene Verarbeitungswege gleichzeitig zur Verfügung stehen, die alle zum Ziel führen. Dadurch bestimmt das Sowohl-als-auch-Prinzip unser Denken und Handeln. Infolgedessen funktioniert die parallele Informationsverarbeitung schneller und ist weniger störanfällig.

Zu welch erstaunlichen Leistungen unsere rechte Gehirnhälfte beitragen kann, demonstrierte der Heidelberger Psychologe *Henning Plessner* im Rahmen eines Experiments. Plessner bat die Teilnehmer einer Studie darum, die Kursentwicklung fünf verschiedener Aktien von einem Nachrichtenticker laut abzulesen und gleichzeitig – dies war die Hauptaufgabe – ebenfalls auf dem Monitor gezeigte Werbespots zu beurteilen. Plessner befragte die Probanden anschließend in zwei Varianten, welche einmal die linke und einmal die rechte Gehirnhemisphäre aktivierten. Eine sequentielle Befragung zu den Aktien (linke Gehirnhälfte) überforderte die Probanden. Sie konnten keine einzige Frage korrekt beantworten. Als Plessner den Probanden jedoch die Möglichkeit gab, die Aktien intuitiv und gefühlsmäßig zu bewerten (rechte Gehirnhälfte) sowie frei von der Leber weg zu sprechen, machte er eine ungewöhnliche Entdeckung: Die Aktien wurden hinsichtlich ihrer Leistungsfähigkeit tatsächlich vollkommen korrekt eingestuft, was Plessner zu der Aussage veranlasste: *„Dieses Ergebnis hat mich eine gewisse Ehrfurcht vor unserem Denkorgan gelehrt"* [7]
Der Prozess der Gehirnmodellierung hat dabei eine Sonnen- und eine Schattenseite. Positiv ist: Starke neuronale Verschaltungen haben zur Folge, dass wir auf bestimmte Ressourcen mit Leichtigkeit, präzise und unbewusst zugreifen können. Wenn Sie schon seit Jahren Auto fahren, dann werden Ihr Umgang mit Gangschaltung, Kupplung, Blinker sowie Ihre Beobachtung des Verkehrs vollautomatisch ablaufen. Sie müssen sich auf einzelne Details nicht mehr so stark konzentrieren, wie dies vielleicht in Ihrer ersten Fahrstunde der Fall war. Negativ ist dagegen: Starke neuronale Verschaltungen führen bei

---

[7] aus „Das kluge Gefühl", Süddeutsche Zeitung WISSEN 15 (2007)

Erwachsenen zu einer latenten Blockade ungewohnter Denk-, Wahrnehmungs- und Verhaltensformen. Die Entwicklung von weichen Faktoren wie z.B. Selbstvertrauen, Eigenmotivation, Empathie, soziale Kompetenz und Kreativität erfordert daher eine Vorgehensweise, welche den kontinuierlichen Aufbau neuer synaptischer Verschaltungsmuster in kleinen Schritten ermöglicht und Lust am Lernen vermittelt. Dopamin und Acetylcholin sind Transmittersubstanzen des Nervensystems, welche dem lernenden Menschen Lustgefühle vermitteln. Der Erfolg von Maßnahmen zur Entwicklung weicher Faktoren steht und fällt zum einem mit dem generierten Lustgewinn und zum anderen mit der Gewinnung von Sinnhaftigkeit durch unsere wahrhaftige Kreativität, d.h. dass über das Handeln und Sichtbarmachen der schöpferischen Potenziale die eigene Existenz bedeutsam ist.

Fazit: Die Entwicklung von Emotionaler Intelligenz und Soft Skills fängt während der Schwangerschaft an, setzt eine die Selbstentfaltung unterstützende Umgebung des jungen Kindes voraus und kann darüber hinaus optimal im Kindergarten und in der Grundschule geschehen. Bei entsprechender Förderung entwickeln Kinder Emotionale Intelligenz leicht und schnell, im Falle offener „Lernfenster" sogar – aus der Sicht von Erwachsenen – in einem geradezu atemberaubenden Tempo. Und zwar aus dem einfachen Grund, weil ihr Gehirn noch leicht modellierbar ist. Erwachsene benötigen hingegen eine Strategie, welche ihre von der Natur so gewollte neuronale Veränderungs*resistenz* berücksichtigt und respektiert sowie dem Faktor Lernen mit Lustgefühlen, aber auch besonders der *wahrhaftigen Kreativität* und Sinnhaftigkeit große Beachtung schenkt. Der verblüffende Stimmungswandel während der Fußball-WM 2006 hat sehr schön demonstriert, dass bereits ein adäquater Trigger ausreicht, um nicht nur eine Fußballmannschaft sondern ein ganzes Land emotional erblühen zu lassen. Positive Gefühle haben das Potenzial, Menschen für die Entwicklung von Emotionaler Intelligenz und Soft Skills sanft zu öffnen.

Emotionale Intelligenz und Soft Skills quo vadis?

Was können wir vor dem Hintergrund dieser neurobiologischen Erkenntnisse tun, um weiche Faktoren systematisch und in großem Maßstab zu entwickeln? Nun, zunächst einmal gilt es zu verstehen, dass bei dem Hyperwettbewerb im Zeitalter der Globalisierung die harten Faktoren für Unternehmen, Arbeitnehmer und Standorte eine Selbstverständlichkeit sind, aber primär weiche Faktoren entscheiden über „hop oder top".
Es wird für viele Unternehmen in absehbarer Zeit nicht mehr ausreichen, ihren Erfolg von einer begrenzten Anzahl von „High Potentials" abhängig zu machen und über 80% ihrer Arbeitnehmer in einem Modus zu belassen, der vom Gallup „Engagement Index" mit den Attributen „keine emotionale Bindung an den Arbeitgeber", „Dienst nach Vorschrift" oder „innere Kündigung" umschrieben

wird. Weiche Faktoren wie z. B. Selbstmotivation, Beziehungsfähigkeit, Empathie, zielorientierte Selbststeuerung, Kreativität, Entscheidungsfreude oder Selbstvertrauen entscheiden schließlich maßgeblich darüber, ob Unternehmen flächendeckend (statt nur in einzelnen Bereichen) Spitzenleistungen erbringen, sich selbst kontinuierlich neu erfinden und so dem Wettbewerb immer drei entscheidende Schritte voraus sind. Wer heute als Schulabgänger über Defizite in den Bereichen Rechtschreibung, Grundrechenarten sowie menschliche Umgangsformen verfügt, der erhält durch die Entwicklung seiner Soft Skills die Fähigkeit (intrinsische Motivation, Zielorientierung etc.), das Ruder mit zunehmender menschlicher Reife wieder herumzureißen.

Ob wir es wollen oder nicht, ob es uns bewusst ist oder nicht, die Entwicklung von weichen Faktoren ist für Arbeitnehmer, kleine, mittlere und große Unternehmen, die öffentliche Verwaltung sowie Städte, Gemeinden, Länder und unsere Gesellschaft als Ganzes eine Pflichtveranstaltung von höchster Priorität. Wer sich dieser Aufgabe nicht stellt, beispielsweise mit dem Zeigefinger auf die Politik zeigt, der kommt früher oder später in den Genuss der Globalisierungs-Daumenschrauben. Umgekehrt dient eine Entwicklung der weichen Faktoren nicht allein der existentiellen Absicherung. Wer seine Soft Skills und Emotionale Intelligenz entwickelt, der wird mit einem großen Plus an Lebensqualität, emotionaler Tiefe und menschlicher Verbundenheit belohnt. Beeindruckend am Phänomen „Deutschland. Ein Sommermärchen" war nicht der erreichte Platz 3 der deutschen Fußballnationalmannschaft sondern die Ästhetik, Freude, Kreativität und emotionale Verbundenheit, mit welcher das Ziel erreicht wurde.

Förderung von Wahrnehmung und Emotionen

Einer der zentralen Fehler unseres Umgangs mit weichen Faktoren besteht darin, dass sowohl in unserem Schulsystem als auch bei etablierten Maßnahmen der Personalentwicklung wie z.B. beim Führungstraining Aktivitäten der linken Gehirnhälfte dominieren (bewusst, im Detail und sequentiell denken, analysieren, planen, Wissen anhäufen), während jedoch die Entwicklung von Soft Skills und Emotionaler Intelligenz eine Aktivierung der rechten Gehirnhälfte erfordert (unbewusst, ganzheitlich und parallel, wahrhaftig wahrnehmen, fühlen, assoziieren, kreativ sein). Das Gehirn entwickelt sich so, wie es genutzt wird. Neue Kompetenzen müssen daher in einer Form entwickelt werden, welche der jeweiligen Dimension (Wissen, Wahrnehmung, Verhalten) gerecht wird. Wer Wissen sät, der erntet Wissen. Wer Wahrnehmung und Verhalten ernten will, der muss Wahrnehmung und Verhalten teilweise erst wieder aktivieren und anschließend mit dem vorhandenen Wissen verbinden; denn erst durch die Integration kann etwas „Neues" entstehen.

Die Förderung von Kreativität, Entscheidungsfreude, Beziehungsfähigkeit, Empathie und Selbstmotivation erfordert zunächst einmal ein systematisches Wahrnehmungs-Training sowie das bewusste (!) Erleben von Gefühlen.

Etablierte Angebote der Persönlichkeitsentwicklung gehen hier häufig den – hirntechnisch betrachtet – zum Scheitern verurteilten rein „linkshemisphärischen" Weg, neues Wissen anzuhäufen. So informieren beispielsweise *Marcus Buckingham* und *Donald O. Clifton* in ihrem wertvollen Buch *»Entdecken Sie Ihre Stärken JETZT!«* über das Prinzip der stärkenorientierten Führung. Die Umsetzung dieses Wissens in den Alltag einer Führungskraft erfordert aus neurobiologischer Sicht jedoch eine so hohe Rechenkapazität, dass sie nur unbewusst und intuitiv erfolgen kann. Wer in einer konkreten Führungssituation mit Hilfe seiner linken Gehirnhälfte sequentiell darüber nachdenken muss, wie er sich angemessen zu verhalten hat, der hat schon verloren. Eine entsprechende Förderung und Entwicklung vorausgesetzt, versetzt uns unsere rechte Gehirnhälfte in die Lage, eine Führungssituation intuitiv richtig einzuschätzen und unbewusst richtig zu handeln.

Mein Modell **„Raum für wahrhaftige Kreativität"** hat zum Ziel: Gefühle aktivieren, Wahrnehmung trainieren und mit Wissen verbinden.

In Hinblick auf die Förderung und Entwicklung von Soft Skills und Emotionaler Intelligenz lautet die Gretchenfrage somit: Welches ist der effizienteste Weg, um Wissen und Verhalten miteinander erfolgreich zu verbinden?

Meine Antwort lautet: Die Aktivierung von Gefühlen durch malerischen Ausdruck, das systematische Training von Wahrnehmung und die anschließende Integration beider Bereiche, um sie mit dem vorhanden Wissen zu verbinden.

Dies ist für mich entscheidend, um wichtige weiche Faktoren wie z. B. Kreativität, Empathie, zielorientierte Selbststeuerung und Motivation oder Beziehungsfähigkeit im großen Stile zu entwickeln.

Die Öffnung für Gefühle und die Förderung der Wahrnehmungsfähigkeit eines Menschen bieten ihm die Chance, Intuition und Ratio, Gefühl und Verstand, rechte und linke Gehirnhälfte gesund auszubalancieren und eine problematische Dominanz von Gefühl oder Verstand zu vermeiden.

Und wie kann so ein Weg zur Förderung der Gefühls- und Wahrnehmungswelt in der Praxis aussehen? Mein Konzept lautet: *Einen angstfreien Raum als Übergangsphase zu schaffen, um in diesem seine wahrhaftige Kreativität fließen zu lassen und anschließend mit dem vorhandenen Wissen zu verbinden. Dadurch kann überhaupt erst etwas Neues entstehen.*

Wodurch ist das möglich?

Indem die Menschen *„liebevoll und wertfrei"* durch ihre wahrhaftige Kreativität in ihrer Welt abgeholt werden, um anschließend ihrer Wissensneugier und ihrem Wachstumsdrang für das *„Neue in ihnen"* in Unternehmen und Schulen, den Weg zu bahnen. Entscheidend ist dabei, dass ein *„Raum für die wahrhaftige Kreativität"* geschaffen wird, in dem die Akteure *authentisch* ihren eigenen Gefühlen durch Malen freien Lauf lassen können.

In meinem Modell *„Raum für wahrhaftige Kreativität"* übertrage ich die Förderung der emotionalen Intelligenz bei Kindern auf die Mitarbeiter in Unternehmen und Schüler in den Schulen. Dies geschieht durch mein Training der wahrhaftigen Kreativität als unbekannten Übergangs- und Möglichkeitsraum zur Förderung der *weichen Faktoren,* sprich den *Soft Skills* (emotionale Intelligenz, Empathiefähigkeit und soziale Kompetenzen).

Was bedeutet Kreativität in diesem Zusammenhang? Wo kommt sie her?

„Kreativität ist in jedem von uns, sie ist Schöpferkraft, göttliche Energie, die durch uns hindurch fließt und von uns gestaltet wird, so wie Licht. Sind wir uns darüber im Klaren, wer wir sind und was wir tun, dann fließt die Energie frei, und wir leben keinerlei Anstrengung.

Wenn wir uns dem widersetzten, was unsere Energie uns vielleicht zeigen will oder wohin sie uns führen möchte, dann fühlen wir uns als Folge davon wackelig und haben das Gefühl, die Kontrolle zu verlieren. Wir möchten den Fluss aussperren und das Gefühl wiedergewinnen, dass wir alles unter Kontrolle haben. Wir treten mit voller „Kraft auf die psychische Bremse." [8]

Exkurs in die Kindheit, was nimmt Einfluss auf unsere Kreativität?

Häufig fehlt uns das Bewusstsein dafür, dass wir diese Schöpferkraft (wahrhaftige Kreativität) in uns tragen. Wir haben sie in uns und bringen sie durch unsere Geburt und unsere Lebendigkeit in die Welt. Wahrhaftige Kreativität ist nicht erlernt, sie wird über unser Herz, durch unseren Mut und den Glauben an uns selbst ausgelöst und kommt in der Kindheit über unsere „noch nicht gezielt kontrollierten Mitteilungen und Spuren" in ersten Kinderzeichnungen schon zum Ausdruck.

„Die ersten Kritzeleien eines Kindes sind nicht als Darstellungen gedacht. Sie sind eine Form der vergnüglichen motorischen Betätigung, mit der das Kind den

---

[8] Cameron, J., „Der Weg des Künstlers – Ein spiritueller Pfad zur Aktivierung unserer Kreativität", Knaur (1996)

Gebrauch seiner Gliedmaßen erlernt; dass dabei tatkräftig Hin- und Herbewegen der Arme sichtbare Spuren erzeugt, bereitet zusätzliches Vergnügen. Es ist ein aufregendes Erlebnis, etwas Sichtbares hervorzubringen, das vorher nicht da war." [9]

Dies bezieht sich auf die körperliche Betätigung und die Freude am Handeln und zeigt auf, wie wichtig auch an dieser Stelle das Wissen um die Bedeutung der **sensorischen Integration** ist.

Dabei ist es absolut entscheidend, Kindern und später Erwachsenen das Malen zu ermöglichen. Das heißt in diesem Zusammenhang, besondere Bedingungen zu schaffen, damit aus der spontanen Lust eine uneingeschränkte, ungeahnte Äußerung entstehen kann. Jedes Kind/jeder Erwachsene versteht es, dem gewöhnlichen Blatt Papier eine Welt entwachsen zu lassen.
„Dass dies möglich ist, dass es ohne weitere Anstrengung geschieht und zu einem so unermesslichen Abenteuer führt, ist ein angstfreier wunderbarer Prozess: Ein „Flow – Zustand".
Das Geschehen auf dem Blatt ist nicht eine gefällige Kreation, ist nicht wie ein erarbeitetes Werk eines Künstlers, sondern die Spur eines Prozesses, der im Kind – und später im Erwachsenen – selbst geschieht. Das Blatt ist nicht das Gegenüber des Malens, sondern der Malende selbst. Diese Erkenntnis ist entscheidend für unser Verhalten, das Beurteilung und Eingreifen an dieser Stelle vollkommen ausschließt (Fortsetzung nach den folgenden Abbildungen).

Hier zunächst zwei Fotos des Projektes „Helle Köpfe" an der Fachhochschule Aachen in Zusammenarbeit mit der Sparkasse Aachen im Januar 2012, Thema: „Ersatzteillager Mensch":

Des Weiteren zwei Fotos des Pilot- und Nachfolgeprojektes für Auszubildende der Provinzial-Versicherung Westfalen, Münster (2007 und 2012).
Ziel des Intervalltrainings „Mit Spaß und Leichtigkeit zum Erfolg" war eine höhere Empathiefähigkeit, Selbstkompetenz und Vertrauenswürdigkeit der

---

[9] Arnheim R., „Kunst und Sehen", De Gruyter, Berlin, New York (1978)

Teilnehmer im Umgang mit potenziellen Kunden zu erreichen und gleichzeitig eine effektive und verantwortungsbewusste Arbeitshaltung zu fördern: Durch die Förderung seiner Selbstmotivation, Merk- und Gedächtnisfähigkeit, immer in Verbindung mit Kreativität, steht der Teilnehmer mit seiner Selbstkompetenz im Mittelpunkt. Seine Wahrnehmungsveränderung von sich selbst und den anderen wird dabei gestärkt (Ein weiteres Projekt fand 2008 unter dem Titel „Mit Kreativität und Innovationen zum Erfolg" mit der IHK Nord Westfalen und Frauen u(U)nternehmen e.V. in Münster statt):

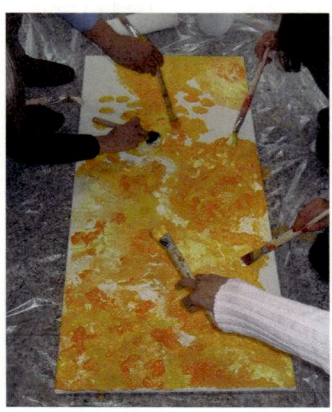 

Dadurch entsteht Freude am eigenen Handeln und der Glaube an sich selbst. Diese Freude kann jedoch durch negative Einflüsse wie Bewertungen und Kritik, Angst und unangenehme Erlebnisse verloren gehen, weil genau der/die Malende sich über die Bewertung ihre/seiner Spur von anderen Menschen nicht verstanden und angegriffen fühlt.

Es ist dabei wichtig zu verstehen, dass das Kind/der Erwachsene das Spiel mit der Spur/dem Malen als seine Realität erlebt. Voraussetzung ist aber, dass niemand auf der Lauer liegt, um das Kind/den Erwachsenen seines „Spielens" zu enteignen. Denn nur wenn es vom Vorspielen verschont bleibt, ist es frei. Und so erwartet das Kind/der Malende mit ihrer/seiner Äußerung keine Wirkung auf andere. Dieser Vorgang ist unsagbar wichtig für das Verständnis der Wahrhaftigkeit, sprich der wahrhaftigen Kreativität (die später noch genau definiert wird).

Es liegt an den Umständen unter denen das Spiel geschieht, ob die Spur (das Gemalte) erwartungsfrei bleibt oder auf Vermittlung zugerichtet wird. Im letzten Fall wird sie als erfolgreich oder misslungen betrachtet, und es entsteht dadurch beim Kind/dem Malenden auch der Begriff des *Bedingten*. Dann nämlich tritt das Mögliche an die Stelle des früher (unbezweifelt) Notwendigen, sprich dass aus sich alleine heraus entstehende.

Der Erwachsene/Trainer schafft dabei die Bedingungen für das Spiel. Er stellt dem kleinen Kind/dem Erwachsenen weiße Bögen zur Verfügung (oder irgendein Abfallpapier, das schon die Wertigkeit zeigt). Er kann vorschreiben, was und wie es/er zeichnen soll, oder ihm ein freies Spiel gewähren, ohne Auftrag oder Beurteilung oder Kommentare. [10]

Es ist so eine wichtige Erkenntnis, dass in einem geschützten Raum die Kreativität frei fließen kann und keine Bewertung und Vorgaben gegeben werden, da sich nur so die Wahrhaftigkeit offenbart und als Übergangsphase zum anschließenden „Lernen" durch die neu gewonnene Wahrnehmung möglich ist.

Denn Neues zu lernen fällt sehr viel leichter, als ein gefestigtes Neuronennetz zum Umlernen zu zwingen. Gegenüber dem „frustrierenden Lernen" ist es umso wichtiger und befriedigender, wenn der Mensch einen Lernerfolg hat. Dafür sorgt das Gehirn selbst. Wird eine Aufgabe richtig gelöst, steigt der Pegel des Überträgermoleküls Dopamin deutlich an, und es wird ein Glücksgefühl ausgelöst.

In den letzten Jahren ist in diesem Zusammenhang ein sehr wichtiger neuer Forschungsbereich entstanden, die positive Psychologie, auch als „Wohlbefindensforschung" bezeichnet. Sie erforscht, wozu es angenehme Gefühle wie Zufriedenheit, Hoffnung, Optimismus, Freude und Glück überhaupt gibt und wie sie entstehen. Das wichtigste Ergebnis der positiven Psychologie ist: Glücksgefühle halten nicht dauerhaft an, aber wir können etwas dazu beitragen, dass sie immer wieder neu auftreten.

Die meisten Menschen glauben nicht, ihr eigenes Glück wesentlich selbst gestalten zu können, sie glauben, dass Glücksgefühle kaum gezielt hervorgerufen werden können und seien in erster Linie ein flüchtiges Geschenk des Schicksals oder ein günstiger Zufall.

Diese Erfahrung führt dazu, dass viele Menschen unterschätzen, wie wichtig Glücksempfindungen für das Überleben und die erfolgreiche Auseinandersetzung mit der Umwelt sein können: denn Freude gehört zu den sogenannten Primär- oder Basis-Emotionen des Menschen, die wir bei Kindern oft wahrnehmen oder selbst als Kind erfahren haben. Malen löst Freude aus, wenn es keine Vorgaben und Bewertungen gibt.

Ein weiteres Grundbedürfnis des Menschen ist: Die Überzeugung, dass die eigene Existenz irgendwie bedeutsam ist und dass sein Leben einen Sinn hat.

Dabei gibt es zwei Arten von Glücksempfinden:

Zum einen gibt es das *„Gutfühl-Glück"*, sprich das Genussempfinden, das von äußeren Reizen abhängt, wie z.B. Gewinn im Lotto, sexuelle Abenteuer oder durch „Drogen" induzierte Hochgefühle.

Zum anderen gibt es das *„Wertebasierte Glück"*, das wir erleben, wenn wir glauben, dass unsere Existenz eine Bedeutung hat und in einen größeren Zweck eingebunden ist.

---

[10] Arno Stern, „Das Malspiel und die natürliche Spur", Drachen-Verlag (2008)

Das *Gutfühl-Glück* ist nicht sehr beständig. Bei häufigen Wiederholungen wirken die Reize immer weniger. Mit der Zeit kommt der „Kick" immer schwerer. Es wirken Gewöhnungsvorgänge, die auch bei Suchterscheinungen eine fatale Rolle spielen. Hingegen ist Glücksempfinden, das auf *inneren Werten* basiert, tragfähig und nimmt im Laufe der Zeit nicht ab. Es entsteht besonders dann, wenn wir enge und tragfähige Bindungen aufbauen oder durch unsere *Spiritualität* zum Ausdruck bringen. [11]

Diesen Ansatz des *„Wertebasierten Glücks"* verbinde ich in meinem Modell **„Raum für wahrhaftige Kreativität"** mit dem *„Flow-Zustand"* des ungarisch-amerikanischen Psychologen *Mihaly Csikzentmihalyi*, worauf ich später noch näher eingehen werde. Er stellte fest, dass tiefe befriedigende Glücksgefühle dann entstehen, wenn Menschen sich konzentriert und erfolgreich mit einer für sie „anspruchsvollen" Aufgabe beschäftigen. Das *„fließen lassen"* entsteht, wenn wir so sehr in eine Tätigkeit vertieft sind, dass sie uns völlig in Anspruch nimmt und wir selbst uns und die Welt um uns herum vergessen: *Es fließt aus uns heraus.*
Das geschieht vor allem bei kreativer Arbeit, z.B. beim Malen eines Bildes, beim Schreiben eines Romans, beim Improvisieren von Musik oder beim Spielen, bei Handlungen und Anforderungen, die keine Über- oder Unterforderung an Konzentration und Intellekt stellen. Diese Handlungen, die zum *Flow* führen, werden jedoch um ihrer selbst willen ausgeführt. Dieser Zustand ist nicht, wie weit verbreitet oft angenommen wird, nur vom Zufall abhängig und nicht vom einzelnen beeinflussbar. Vielmehr ist hier das Gegenteil der Fall: Der Flow entsteht durch zielgesteuertes Handeln, aber *aus sich heraus, d.h. intrinsisch.*
Denn die Voraussetzung für die Flow-Erfahrung setzt einen gewissen Mut voraus, sich der Herausforderung zu stellen und die alltägliche Sicherheit sowie schützende Routinen aufzugeben.
Der Flow resultiert aus der völligen Harmonie zwischen beiden Gehirnhälften!
Im Flow besteht völlige Harmonie zwischen dem limbischen System, den Emotionen und dem kortikalen System/Neocortex, dem Bewusstsein und dem Verstand. Um sich bei einer Tätigkeit – einer Aufgabe – in den Zustand des Flows zu versetzen, braucht einem nur die Tätigkeit zu gefallen und die Anforderung so hoch zu sein, dass sie die volle Konzentration erfordert. Sie darf jedoch nicht so hoch sein, dass man überfordert ist: denn dann ist die „Mühelosigkeit" nicht mehr gegeben.
Durch das Eintreten in eine solche Phase entsteht eine Selbstvergessenheit, da die Aufgabe ganze Aufmerksamkeit erfordert. Alle Bewegungsabläufe werden in harmonischer Einheit durch Körper, Geist und vom Herz mühelos erledigt. Das ist ein Zustand – unsere Urquelle – aus der wir Kraft gewinnen können, um neue Blickwinkel einzunehmen und unsere Wahrnehmung zu erweitern.

---

[11] Hartmann, U., U. Schneider, H. M. Emerich, „Auf der Jagd nach dem Glück", Gehirn &Geist (04-2002)

Wie können wir wieder unsere emotionale Intelligenz ohne Hemmungen und Angst leben? Einen angstfreien Raum für unsere wahrhaftige Kreativität schaffen!

Das heißt: Rückführung durch freie Malerei über die wahrhaftige Kreativität in den unbefangenen Zustand der Kindheit.
Schon sehr früh fangen Kleinkinder an zu malen, einfach so, ohne Ziel. Sie machen es einfach. Sie verleihen dabei ihren Gefühlen eine ganz unmittelbare Form. Es ist ein kreativer Akt, in dem das Fühlen, Erkennen und Gestalten, das erst später hinzukommt, zu einer Einheit verschmelzen – ein schwereloser Zustand. Sie sind eins mit sich selbst. Es gibt kein richtig oder falsch – schon gar nicht ein begabt oder unbegabt. Sie teilen sich einfach mit.
Für Kinder ist dieser Zustand selbstverständlich, solange man sie frei lässt, nicht beeinflusst, nicht kritisiert. Ihre Phantasie ist grenzenlos, schwingt noch in Bereiche, die uns als Erwachsenen längst verschlossen sind. Alles ist möglich. Das Empfinden, die Emotionen fließen direkt in den Pinsel, ohne störendes Hinterfragen, ohne Befangenheit und vorschnelles Werten und kritisieren – wie es bei Erwachsenen üblich ist. *Sie sind im Flow.*
Die Kinder sind bei sich, im „schöpferischen fließen lassen" ohne Zielvorgabe, nicht durch Betrachten und Analysieren, sondern durch ihr eigenes Tun/Handeln, einfach so.
„Malen – eine Anweisung zum Glücklichsein. Und Glück ist nur möglich durch Einssein mit sich selbst. Im Moment des Malens, des kreativen Schaffens, fällt alles von einem ab. Ein schwereloser Zustand ist erreicht. Fühlen, Erkennen, Gestalten sind eine Einheit" [12], das heißt: Wir sind im Flow.

Exkurs zur Kreativitätsforschung:
Was ist wahrhaftige Kreativität?

In diesem Zusammenhang ist es wichtig, einen Blick auf die Kreativitätsforschung zu werfen. Sie gibt Aufschluss über eine Verbindung zwischen Kreativität und Intelligenz, über Wahrhaftigkeit und Authentizität, die als Basis zur Entwicklung von „Neuem" von großer Bedeutung für mein Modell *„Raum für wahrhaftige Kreativität"* ist.

Kreative Intelligenz steht in direkter Verbindung mit der wahrhaftigen Kreativität.
Kreative Intelligenz ist eine allumfassende Energie, die in allem Leben, im Menschen, in Tieren, Pflanzen und Steinen angelegt ist und nach Ausdruck, Entwicklung und Vervollkommnung strebt. Sie ist in jeder Zelle, im sichtbaren Körper und in allen unsichtbaren Körpern. Sie fließt aus inneren und äußeren

---

[12] Tesche-Mentzen, A., H. Koelbl, „Kunst von Kindern", Frederking & Thaler-Verlag (2002)

Kraftquellen und enthält die materielle, emotionale, intuitive, mentale und geistige Intelligenz, also stoffliche und nicht stoffliche Informationen.

Wird eine dieser Dimensionen unterdrückt, z.B. die Gefühlswelt oder die Emotionale Intelligenz, so erstarrt damit der Energiefluss, der zuständig ist für die Gesundheit der Drüsen und Organe, das endokrine System, die energetische Dimension.

Kreative Intelligenz zeigt sich in genialen Erfindungen, Innovationen, Visionen, Hellsichtigkeit, Feinfühligkeit, Kunstwerken, Selbstheilungsprozessen oder Wundern. Es ist eine unerschöpfliche Quelle, die mit Hilfe der Quantenphysik heute ansatzweise verständlicher gemacht werden kann.

In diesem Bereich gibt es unbegrenzte Möglichkeiten, jenseits von Raum und Zeit, wo Fülle und Leere gleichzeitig sind. Es gibt keinen Mangel.

Mangelerscheinungen treten nur dann auf, wenn die kreative Intelligenz überlagert wird von Angst, falscher Scham und Schuld, die tief greifende Konflikte verursachen können. Im wahrhaftigen kreativen Selbstausdruck liegt ein Potenzial, das Wunden unerlöster seelischer Konflikte nach und nach heilen kann und so das sog. „Schicksal", das selbst kreiert ist, transformiert und ein Leben in Liebe und Frieden ermöglicht. Die Quelle ist nicht mehr Angst und Mangel, sondern dieser unbegrenzte Raum der Möglichkeiten. Wir haben diesen Raum schon als Kind erfahren.

Der wahrhaftige kreative Ausdruck wirkt sich heilend auf den, der es tut, also den „Künstler" (Menschen), und auf seine Umgebung aus.[13] Das heißt: Kreativer Selbstausdruck ist nicht egoistische Selbstdarstellung, sondern ein Beitrag, der eine tiefe innere und äußere Wandlung und Heilung ermöglichen kann. Wahrhaftige Kreativität steht in direkter Verbindung mit der kreativen Intelligenz, sie ist ein Teil davon und strebt danach aus dieser Quelle inspiriert zu werden.[14]

Das Neue, das daraus entsteht, dem wir begegnen, versuchen wir als Erwachsene oft in vertraute Schubladen einzuordnen. Als überraschend, als unerwartet wollen wir es nicht annehmen, noch nicht einmal dem Erscheinenden ein ehrliches Staunen bekunden. Oft entsteht Angst.

Die Menschen in unserer Gesellschaft sind so erzogen, dass sie immer die Antwort im Mund bereit haben. Als Schulkinder hätten sie ja sonst eine schlechte Note bekommen. Das Staunen und Entdecken des Kindes ist ihnen durch das programmierte Lernen ausgetrieben worden. Und so staunen sie wirklich über nichts, als wüssten wir im Voraus: Wir begegnen nur dem, was sie schon vermuteten.

---

[13] vergl. dazu auch *Rupert Sheldrakes* These von morphogenen und morphogenetischen Feldern.
[14] Holm-Hadulla, „Kreativität, Konzept und Lebensstil", Vandenhoeck & Ruprecht (2005)

Der moderne Mensch ist im Bilde. Für ihn gibt es nur Bestätigung für seine erfasste Welt! [15]

Wie kann nun mein Modell „Raum für wahrhaftige Kreativität" im Unternehmen umgesetzt werden?

Innovation = Erneuerung braucht jedes Unternehmen!

Meine Thesen dazu sind:

Ein Unternehmen kann in der Zukunft nicht ohne Innovation auf dem globalen Markt bestehen.
Entscheidend aber ist, sich bewusst zu sein, dass allein der Mensch selbst die Erneuerung bringt. Die Menschen im Unternehmen sind wertvolle und nutzbringende Ressourcen, wenn sie die Möglichkeit haben, ihr Potenzial zu entfalten.
Neue Konzepte, neue Produkte und effektive Arbeitsprozesse werden nicht alleine durch Einzelne, sondern durch kreative Teams im Unternehmen entwickelt.
In der Zukunft steht so die *Kreativität der Menschen im Mittelpunkt* jedes Unternehmens!
In diesem Zusammenhang stellen sich wichtige Fragen:

Was braucht der Mensch damit Innovation/Neues in Ihm entsteht?
Wie wird ein Unternehmen am Markt erfolgreich?
Können uns die neuen Erkenntnisse der Hirnforschung bei der Förderung von Kreativität und Innovation helfen?
Welche Voraussetzungen müssen geschaffen werden, damit die Menschen ihr kreatives Potenzial nutzbringend für den Erfolg des Unternehmens entfalten können?

Der Mensch im Unternehmen

1. Was braucht der Mensch damit Innovation/Neues in ihm entstehen kann?
Welche Grundbedürfnisse sollten in seinem beruflichen Umfeld befriedigt sein?

A. - Das Bedürfnis der „Dazugehörigkeit", (emotionale Bindung)
   - Verbundenheit mit anderen Menschen (im Unternehmen)
   - Anerkennung und Wertschätzung

---

[15] Stern, Arno: „Das Malspiel und die natürliche Spur -",Malort, Malspiel und die Formulation", Drachen Verlag (2008)

Dann produziert das Gehirn:
- das Freundschaftshormon Oxytocin (Wertschätzung und Bindungsfähigkeit)
- die Wohlfühldroge der körpereigenen Opioide (Anerkennung)

B. - Der Wille nach Wachstum/Weiterentwicklung
    - immer wieder über sich hinaus zu wachsen
    - Dinge weiter zu entwickeln

Dann produziert das Gehirn:
- die Leistungsdroge Dopamin (Interesse), sie erzeugt
- Neugierde und Freude am Experimentieren

C. - Einen Raum für wahrhaftige Kreativität
    - im Unternehmen die Möglichkeit zu haben, sich kreativ auszudrücken
    - um die Wahrnehmung zu schärfen und neue Blickwinkel einzunehmen

Dann produziert das Gehirn:
- neue positive Verschaltungen und Verbindungen der Synapsen
- Glückshormone, die Lebendigkeit, Freude und „Erneuerung" fördern

Sind diese Grundbedürfnisse befriedigt, dann fühlt sich ein Mensch in seiner Umgebung, bei seiner Arbeit wohl und hat den Wunsch, etwas zu leisten. Es ist die Grundvoraussetzung, damit Neugierde und Interesse der Mitarbeiter geweckt werden, um zu experimentieren und neue Wege zu gehen.

Das Unternehmen

Wie wird ein Unternehmen am Markt erfolgreich?

1. Wenn ein Unternehmen flexibel und schnell auf globale Veränderungen am Markt reagiert.

2. Wenn jeder Mitarbeiter im Unternehmen seinen Teil zum Erfolg beisteuert und das Ergebnis immer einen Vorsprung gegenüber anderen Unternehmen bedeutet.

Dies gelingt: Wenn die Führungskräfte integrativ und interdisziplinär denken!

Was ist integratives Denken?

Es gilt: „Zu lernen wie ein Designer zu denken! Designer sind darin geschult, Schnittstellen zwischen einem Angebot und einem Nutzer so ausgewogen zu gestalten, dass Funktionalität und Form perfekt zusammenspielen und als gelungenes Erlebnis, das die Erwartungen übertrifft, wahrgenommen werden.

„Anstatt ein Problem zu analysieren und dann die Entscheidung zu treffen, geht es beim integrativen Denken darum, eine Herausforderung zu meistern, indem man verschiedene Lösungsansätze abwägt und in Einklang bringt." [16]
Einige Menschen beherrschen dies intuitiv. Es ist die Fähigkeit, verschiedene Perspektiven im Blick zu behalten und abzuwägen. Dabei geht es um Einfühlungsvermögen und Vorstellungskraft für das, was Menschen erwarten: Nicht nur für Endkunden, sondern auch für Geschäftspartner und Mitarbeiter.
Die Bedürfnisse müssen von allen Seiten vorausgeahnt werden, und dann wird entschieden, was Sinn macht und Erfolg versprechend ist. Der Erfolg kommt, wenn die Erwartungen besser befriedigt werden. Dafür muss man bereit sein, zu experimentieren und Wege zu beschreiten, deren Pfad man sieht, aber bei denen man nicht notwendigerweise weiß, was einem am Ziel erwartet.
(*Tim Brown*, Geschäftsführer der Designagentur *Ideo*, zählt mit seiner Agentur zu den innovativsten Unternehmen der Welt, die Daimler Chrysler, Cisco, Microsoft, BASF, Pepsi und Lufthansa berät)

Dazu gehören Mut und Risikobereitschaft!

Was ist interdisziplinäres Denken?

Interdisziplinäres Denken setzt eine offene Zusammenarbeit zwischen den unterschiedlichen Fach- und Arbeitsbereichen voraus. Man geht über die Grenzen der eigenen Arbeitserfahrungen hinaus. Ein innovatives Team aus Menschen besteht aus unterschiedlichen Kompetenzen und verschiedenen Hintergründen, die in der Zusammenarbeit alle auf einer gleichen Stufe stehen. Dadurch entstehen neue Beziehungen. Bisher unverbundene Disziplinen werden neu verbunden. Man begegnet sich ebenbürtig, ohne Konkurrenzdenken, das den freien Fluss der Ideen hemmen würde.
Die Ergebnisse der einen Arbeitsabteilung werden genutzt, um über den eigenen Tellerrand zu schauen und mit anderen Abteilungen gemeinsam neue Kriterien für die Arbeitsprozesse im Unternehmen zu entwickeln. Die Abteilungen lernen voneinander. Dadurch entsteht eine neue gemeinsame Sprache der Verständigung, die es ermöglicht, Neues entstehen zu lassen.

---

[16] Roger Martin, Dekan der Rotman-Schoo of Management in Toronto

Diese beschriebenen positiven und Erfolg bringenden Prozesse sind im Unternehmen aber nicht immer so einfach umzusetzen. Es kommt auf das Klima untereinander an. Die Ängste der Mitarbeiter wirken wie Blockaden. Es entsteht Missgunst, Rückzug, Positionsgerangel und oft Streit, der Kreativität und Innovation verhindert. *Warum ist das so? Was passiert in den Köpfen der Mitarbeiter?*

Können uns die neuen Erkenntnisse der Hirnforschung bei der Förderung von Kreativität und Innovation helfen?

Um die Reaktionsweisen und Denkprozesse eines Menschen besser zu verstehen, die zu bestimmten Handlungen führen, ist das Verstehen der grundsätzlichen Vorgänge im Gehirn sehr aufschlussreich. Wie und wann werden Entscheidungen getroffen? Wodurch wird unsere Kreativität blockiert?

Exkurs in die Neurowissenschaft:
Wie und wann werden Entscheidungen in unserem Gehirn getroffen?

Die Reihenfolge der Verarbeitung von Informationen im Gehirn laufen nach den Erkenntnissen der Hirnforschung voraussichtlich wie folgt ab, siehe nachfolgende Abbildung (modifiziert nach A. K. Kleeberg für P. E. Siebert (2011):

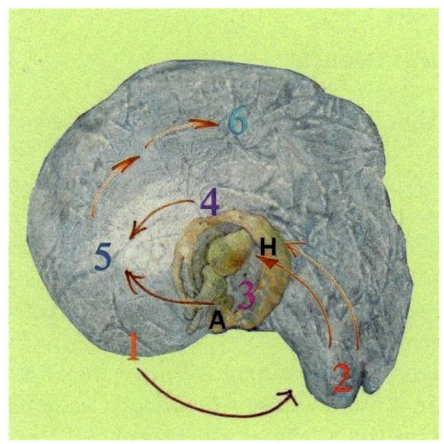

Legende zur Abbildung:

A = Mandelkern (Amygdala);
H = Hippocampus

Abfolge der Verarbeitung im Gehirn

1 = Sehen;
2 = Wahrnehmen
3 = Erinnern (Hippocampus – Gedächtnis)
4 = Fühlen (Limbisches System – Gefühlszentrum)
5 = Fühlen und Erinnern kommen zusammen – es folgt eine Entscheidung
6 = Handeln

Der Bauch im Kopf

Treffen wir Entscheidungen, so wird dies oft dem *„Bauch im Kopf"* zugeschrieben. In typischen Entscheidungssituationen, etwa beim Einkaufen oder der Bewertung anderer Menschen, werden die optischen Reize zunächst über den *Hippocampus* mit unserem gespeicherten Wissen angereichert.

Negative Erlebnisse der Vergangenheit können, wenn sie mit der aktuellen Situation Parallelen aufweisen, in der *Amygdala*, ablehnende Gefühle auslösen.

Im positiven Fall kann das Belohnungssystem für ein starkes Verlangen sorgen. Alle diese Vorgänge verlaufen voraussichtlich zu einem großen Teil ohne willentliche Kontrolle des Bewusstseins ab.
Die Hirnforschung geht davon aus, dass im *präfrontalen Kortex* (hier werden Entscheidungen getroffen), Wissen und Gefühle zusammen laufen – wobei die Gefühle beim Treffen der Entscheidungen den wohl stärkeren Ausschlag geben!

Als Mensch haben wir die Fähigkeit, emotional bereits in Gang gesetzte Programme „bremsen" oder variieren zu können. Es ist jedoch extrem schwer, Emotionen mit dem Verstand zu kontrollieren.
Das liegt daran, dass viel mehr Nervenverbindungen Informationen von den Emotionszentren zu den Verstandeszentren leiten, als umgekehrt.
Das Emotionshirn hat viel mehr Einflussmöglichkeiten als die „Vernunft".
Darin liegt aber eine große Chance: Wir können negative Emotionen durch positive Erlebnisse neu „überschreiben" bzw. neu lernen.

Nur wenn wir die gegenwärtige Situation im Hier und Jetzt wahrnehmen und bewusst lernen, dass es keine aktuelle Gefahr gibt, lösen wir die Angst, die negative Emotionen durch positive Erfahrungen und Erlebnisse auf.

Emotionen steuern die Entscheidungen des Menschen.
Sie beeinflussen unsere Wahrnehmung, Motivation, Gedanken und Erinnerungen.

Emotionen werden voraussichtlich dem unbewusst arbeitenden limbischen System des Gehirns zugeordnet, sie können als starke Gefühle ins Bewusstsein dringen oder uns durch eher undeutlich wahrnehmbare Impulse beeinflussen.

Besonders Ängste, die in erster Linie dem Überleben dienen, um auf Gefahrensituationen schnell zu reagieren, lösen oft auch Blockaden aus, die uns hemmen, ob begründet oder unbegründet.

Was passiert im Gehirn eines Kunden?

Das folgende Beispiel, wie Kunden im praktischen Leben Informationen mit ihrem Gehirn verarbeiten, mag diese Zusammenhänge ein wenig humorvoll verdeutlichen:

Kunden nehmen Informationen mit all ihren Sinnesorganen wahr, d.h. sie sehen, hören, fühlen, riechen und schmecken alles, egal ob Gebäude, Büro, Produkte oder Service und insbesondere natürlich auch Mitarbeiter. Der erste Eindruck ist besonders wichtig: Schon ein erster Blick ins Büro führt zu einem fest einprogrammierten Bild, das dann ins limbische System geschickt und dort mit bereits bekannten Erfahrungen, aber auch geerbten Programmen verglichen wird. Zunächst wird nach wichtig oder unwichtig entschieden, und im positiven Fall wird der erste Eindruck vom Büro ans Großhirn weitergeleitet. Wird das schon vorhandene, unbewusst geformte Gefühl dort bestätigt, was aber in 70-80% der Fälle geschieht, kommt es zu einer Auftragserteilung oder man verabschiedet sich schnell und ergreift regelrecht die Flucht! Letzteres sollte natürlich nicht im Sinne des Unternehmens sein. Also muss man entsprechend gegensteuern.

Das Ganze geschieht überdies in Bruchteilen von Millisekunden, also rasend schnell, wie jüngere amerikanische Untersuchungen zeigen konnten *(Princeton University)*. Ebenso fanden die Forscher heraus, dass der erste Eindruck über neu kennengelernte Personen schon nach wenigen Millisekunden abgeschlossen ist, und damit nur noch schwer verrückbar festgelegt wird, ob man jemanden für attraktiv oder nicht, für vertrauenswürdig oder nicht, für erfolgreich oder nicht, etc. hält.

Infolgedessen sollte sich ein Unternehmen anlog zu seinen eigenen Wünschen beim Kunden anzukommen und natürlich entsprechend seiner Produkte oder Dienstleistungen adäquat positionieren, um unmittelbar die ersehnten positiven Gefühle bei seinen Kunden zu wecken. Mit Speck fängt man bekanntlich Mäuse, und hier kommt es darauf an, den schmackhaftesten Speck zum frühesten Zeitpunkt und am Ort des ersten Kontaktes bereits vorzuhalten.

Für den Kunden spielt es tatsächlich eine große Rolle, ob zum Beispiel ein Bankier oder ein Anwalt ordentliche und formale Kleidung trägt, um allein dadurch als besonders vertrauenswürdig und seriös zu gelten. Auch sollten etwa ihre Schreibtische „aufgeräumt" sein und das Ambiente Ruhe ausstrahlen, was beim Kunden vor allem Verlässlichkeit suggeriert – das wichtigste Merkmal, wonach gerade Serviceleistungen beurteilt werden.

Wichtig ist, die Bedeutung des limbischen Systems zu verstehen!

Man geht davon aus, dass bei einigen grundlegenden Verhaltensweisen das *limbische System* eine zentrale Rolle spielt: Es

> vermittelt primäre Emotionen (z.B. Lachen, Weinen)
> färbt grundsätzliche lebenswichtige Verhaltensprogramme emotional ein
  (z.B. Esstrieb, Aggressivität, Sexualität)
> regelt die emotionale Bindungsfähigkeit an andere Individuen
> spielt eine große Rolle bei der Speicherung und dem Abrufen von
  Informationen aus dem Gedächtnis

Um Menschen für etwas zu gewinnen, muss man also „limbisch" agieren und die „Vernunft der Emotionen" beachten.

Wie bereits erwähnt sind dabei zwei Bereiche im limbischen System von großer Bedeutung: der *Hippocampus* und die *Amygdala*:

Der *Hippocampus* ist evolutionär einer der ältesten Bereiche des Gehirns und eine zentrale *Schaltstelle* für das Lernen.
Hier fließen Informationen verschiedener sensorischer Systeme zusammen. Man geht davon aus, dass mit Hilfe dieser Region über Erinnern oder Vergessen entschieden wird.

Die *Amygdala (der Mandelkern)* gilt als eine zentrale Schaltstelle im Gehirn, mit deren Hilfe in Millisekunden-Geschwindigkeit entschieden wird, ob ein Reiz schädlich oder von Vorteil ist. Eine Gefahr lässt alle Organe in Alarmstufe versetzten, egal ob wirklich lebensbedrohlich oder nicht. Nur durch das bewusste Reflektieren und positive Erleben der Wirklichkeit kann die alte unbegründete Angst durch neue positive Erlebnisse überwunden werden.

Wird das Lernen von Angst begleitet, steht das Gehirn unter Einfluss der Amygdala. Ist sie aktiviert, begünstigt sie einen eingeengten kognitiven Stil, der nur darauf aus ist, den Quellen der Angst zu entkommen.

Kreativität und freies Denken sind damit behindert!
Mit dem unter Angst gelernten Inhalt prägt sich auch die Angst mit ein. Wir lernen sozusagen die Angst gleich mit.
Der Hippocampus merkt sich nüchterne Fakten, während sich die Amygdala an den emotionalen Beigeschmack erinnert, der diesen Fakten anhaftet.

Nach dem amerikanischen Neurowissenschaftler *LeDoux* hat die Amygdala eine Vorzugstellung als emotionaler Wachtposten, der auch falsche Signale aussenden kann.

Das Lernen, z.B. in der Schule und im Studium, ist weitgehend auf das analytische Denken ausgerichtet und vom Druck durch Noten und Bewertung der anderen bestimmt.
Das Denken in Bildern und greifbaren Vorstellungen wird dabei stärker vernachlässigt. Die Folge ist, dass der didaktische Weg eher vom konkret-anschaulichen zum logisch-abstrakten Denken erfolgt.
Kreative Lösungen erfordern aber nicht nur breites Wissen, sondern Vorstellungskraft und kreative Bilder, den Weg von der Theorie zur Praxis. Neben dem reinen Denken, erfordert es viel Einfühlungsvermögen und eine bewusste Wahrnehmung.
Die Verbindung der beiden Gehirnhälften ist für Innovation im Unternehmen von großer Bedeutung. Man muss sich bewusst machen, dass das losgelöste Handeln – ohne Zielvorgabe – eine Übergangsphase ist und eine wichtige Voraussetzung, um vorhandenes Wissen mit neuen Erfahrungen zu verbinden und so neue Lösungen zu finden,

Im kreativen Prozess geht es darum, ein „stabiles" Ergebnis (real und logisch erfassbar) zu erzielen, aus der Kombination von:

Ordnung: Zwang, Gesetz, Berechnung, logisches Denken (linke Hirnhälfte) und
Chaos:　　Freiheit, Zufall, Spontaneität, laterales Denken (rechte Hirnhälfte)

Das heißt: Das Konkretisieren einer Idee hin zur lebendigen Vorstellung. Dafür brauchen wir an Vorstellungen gebundenes, anschauliches Denken, das durch Phantasie und Emotionalität angeregt wird. Entscheidend ist dafür die Förderung der emotionalen Intelligenz!

Erst wenn eine Führungskraft in guten Kontakt mit sich selbst und den Mitarbeitern steht und Vertrauen in die Fähigkeiten und Potenziale der Mitarbeiter aufbaut, kann sie zugleich die Bedürfnisse des Marktes erspüren. Die gemeinsame Umsetzung führt dann das Unternehmen zum Erfolg.

So wie die Angst und mangelndes Vertrauen von Führungskräften, etwas falsch zu machen, den Mitarbeitern gespiegelt wird und die Potenzialentwicklung enorm verhindern kann, erzeugt auch positiv Freude und Zuversicht von Führungskräften, die authentisch vom Herzen ausgeht, über das System der Spiegelzellen (siehe später) eine Resonanz, die Begeisterung entfacht und gleichzeitig motiviert.

Sind sich die Führungskräfte der Wirkung des Spiegelsystems in ihrem Gehirn auf ihre Mitarbeiter bewusst, so tragen sie durch ihr Vertrauen einen entscheidenden Teil zum Erfolg bei.

Warum ist es oft so schwer, Innovation im Bewusstsein der Mitarbeiter hervorzurufen?
Dazu ein kurzer wichtiger Exkurs in die Neurowissenschaft:

Spiegelneuronen – „Lernen am Modell"

Wir kommen mit einer angeborenen, wahrscheinlich genetisch angelegten Grundausstattung von Spiegelnervenzellen zur Welt. Diese sind für uns lebenswichtig. Ohne Spiegelneuronen können keine Kontakte zu anderen Menschen, keine Spontaneität und kein zwischenmenschliches emotionales Verstehen entstehen. Bezugspersonen, die das Kind zum Spielen oder Wahrnehmen anleiten, sind aus neurobiologischer Sicht durch nichts zu ersetzten, weil die Spiegelsysteme – wie Versuche zeigen – nur durch lebende Akteure aktiviert werden.[17] (vgl. folgende Abbildung nach A.K. Kleeberg):

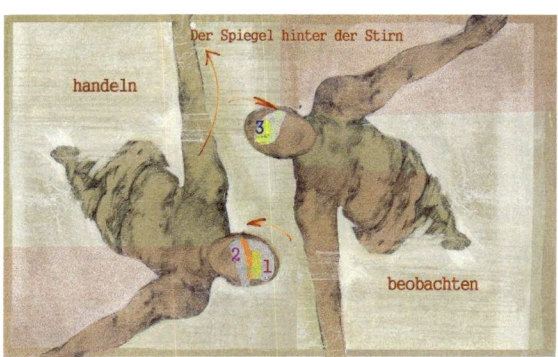

Durch die genaue Beobachtung unserer Umgebung speichern wir als Kinder nicht nur unsere Bilder und Eindrücke, sondern auch gleichzeitig das Weltwissen unserer Eltern mit Hilfe ihrer und unserer eigenen Spiegelneuronen direkt in unserem Unterbewusstsein ab. So werden die Verhaltensweisen und Überzeugungen unsere Eltern zu unseren eigenen und in den synaptischen Verbindungen unseres Unterbewusstseins „verdrahtet".

Sind sie einmal fest in unserem Unterbewusstsein einprogrammiert, steuern sie uns für den Rest unseres Lebens – es sei denn wir finden heraus, wie wir sie „umprogrammieren", also ändern können.

---

[17] Keysers, Christian, „Im Spiegel der Gefühle: Die Erkundung der Empathiefähigkeit", Neuro-Kongress Düsseldorf (2005)

Vor dem Hintergrund dieses präzisen Aufzeichnungssystems ist es wichtig zu begreifen, was in einem kindlichen Bewusstsein ausgelöst wird, wenn Eltern solche Dinge sagen, wie „dummes Kind", „das hast du gar nicht verdient", „so etwas wie du hätte nie geboren werden sollen" oder „du bist einfach ein Schwächling".

Geben gedankenlose oder lieblose Eltern diese Botschaften weiter, ist ihnen nicht bewusst, dass diese Kommentare direkt als Tatsachen im Unterbewusstsein abgespeichert werden. Das Bewusstsein des Kindes ist im frühen Alter noch nicht ausreichend entwickelt, um zu erkennen, das solche elterlichen Aussagen nur verbaler Müll sind und keine Charakterisierung ihrer selbst. Sind sie jedoch erst einmal im Unterbewusstsein einprogrammiert, werden solche verbalen Übergriffe zu inneren Wahrheiten, die unbewusst das Verhalten und das Potenzial des Kindes sein ganzes Leben lang beeinflussen können.

Wodurch entstehen die Beurteilungen und Wertungen in unseren Köpfen? Was passiert in unserm Gehirn?

Mitte der 1990er Jahre konnte ein automatisch und ohne bewusstes Nachdenken arbeitendes neurobiologisches System nachgewiesen werden, dessen einziger Zweck darin besteht, beobachtetes Verhalten anderer Menschen im Gehirn des Beobachters zu simulieren, also eine Stumme Art „nachzuspielen". Handlungen, Empfindungen, Gefühle und Stimmungen, alles, was uns andere vormachen oder zeigen, wird im Gehirn des beobachtenden Menschen gleichsam wie in einem Spiegel leise nachgeahmt. Nervenzellen, die darauf spezialisiert sind, bilden in unserem Gehirn das System der *Spiegelneuronen* (im Englischen wird es als „mirror neuron system", MNS, bezeichnet)

Spiegelnervenzellen „übersetzen" das, was wir sehen oder miterleben, in eine Art diskretes inneres „Mit-Tun" um. So bilden die Spiegelneurone im Gehirn des zuschauenden (oder an einem Geschehen beteiligten) Menschen nicht nur Handlungen nach, sondern auch Empfindungen und Gefühle (Emotionen).

Was Spiegelzellen aus diesen Elementen zusammensetzen sind schließlich Gesamteindrücke, die wir von anderen Menschen gewinnen, samt ihren emotionalen Einstellungen, ihren Motivationen und ihren Handlungsstrategien. Menschen, mit denen wir viel oder intensiv zu tun haben, hinterlassen in uns eine Art Bild, das uns verändern, ja zu einem Teil von uns werden kann und uns überlagert.

In diesem Zusammenhang nehmen Eltern, Lehrer und das soziale Umfeld großen Einfluss auf die Entwicklung des Kindes/Menschen. Einerseits bildet sich das, was Bezugspersonen, wie Eltern und Lehrer tun – aber auch andere Erlebnisse anderer Menschen – fortlaufend in unseren Köpfen ab. Anderseits registrieren wir, wie wir früher in den Köpfen unserer Eltern, Lehrer und

Bezugspersonen wahrgenommen wurden und werden. Sowohl das unmittelbare Vorbild handelnder Personen, als auch die Spiegelung z.B. der Jugendlichen (ihres eigenen Bildes), die sie von ihrer Bezugsperson erhalten, verwenden sie/wir dazu, um Stück für Stück ein „Selbst" zu entwickeln. [18] [19]

So wird die Angst von Eltern oder Lehrer etwas falsch zu machen, ebenso gespiegelt und kann die Persönlichkeitsentwicklung der Kinder enorm verhindern; denn dahinter steht der Wunsch, sich auf keinen Fall eine Blöße zu geben. Fehler zu machen gehört zum Lernprozess dazu, um persönlich wachsen zu können. Entscheidend ist dabei, ehrlich zu sich selbst zu sein, sonst wird jegliche Kreativität verhindert und das effektive Lernen der Menschen/Schüler unterbunden. Freude und Zuversicht von Personen, die authentisch vom Herzen ausgeht, erzeugt über das System der Spiegelzellen eine Resonanz, die Begeisterung entfacht und gleichzeitig motiviert. Sie kann die wahrhaftige Kreativität aktivieren, im Gegenzug jedoch auch stark die Kreativität bei Kindern und Erwachsenen hemmen und zum direkten Verlust dieser führen.[20]

Der nächste Schritt zum Erfolg ist die Förderung der Kreativität der Mitarbeiter im Unternehmen.

Wie kann die Kreativität im Menschen gefördert werden?

Wenn Neues – Innovation – entstehen soll, dann muss für das Unbewusste im Menschen ein angstfreier Raum im Bewusstsein dieser Menschen geschaffen werden, damit unvorhergesehene Dinge passieren können. Dieser Raum ist unsere wahrhaftige Kreativität. Aus ihr entwickeln wir ein positives Selbstbild. Kreativ zu sein heißt, sich seine eigene innere Freiheit wieder zurückzuerobern, losgelöst von allen Ängsten der Vergangenheit.

Was blockiert die Kreativität?

Die Kreativität wird hauptsächlich durch Angst, etwas falsch zu machen oder durch negative Erlebnisse in der Kindheit blockiert. In bestimmten Situationen wird immer wieder die Amygdala aktiviert.

---

[18] Bauer, Joachim, „Lob der Schule", Hoffmann & Campe-Verlag (2007) und „Warum ich fühle, was du fühlst. Intuitive Kommunikation und das Geheimnis der Spiegelneuronen" (2005)
[19] Keysers, Christian, „Im Spiegel der Gefühle: Die Erkundung der Empathiefähigkeit", Neuro-Kongress Düsseldorf (2005)
[20] Bauer, Joachim, „Lob der Schule", Hoffmann & Campe-Verlag (2007)

Verlust der Kreativität:

Die Freude an Kreativität geht schon früh durch Beschränkungen und Ängste in der Familie, in der Schule und später am Arbeitsplatz verloren

Welche Störfaktoren setzten die Kreativität außer Kraft?

Beaufsichtigung: Wenn Menschen nicht von der Seite gewichen und ihnen das Gefühl geben wird, wir lassen Dich bei der Arbeit nicht aus den Augen, dann versteckt und unterdrückt der Mensch alle Impulse zur Risikobereitschaft und Kreativität.

Bewertung: Menschen machen sich oft Gedanken darüber, wie andere sie beurteilen. Es ist aber entscheidend, wie zufrieden sie selbst mit ihren Leistungen sind, statt sich den Kopf darüber zu zerbrechen, wie sie von anderen bewertet werden oder was wohl die Arbeitskollegen denken.

Belohnung: Übermäßige Belohnung durch Ausschüttungen von Geld nehmen den Menschen das intrinsische aus sich heraus entstehende Vergnügen an kreativer Tätigkeit. Anerkennung und Achtung wirkt viel stärker.

Gängelung: Wenn Menschen permanent alles vorgeschrieben wird, wie sie was zu tun haben, bekommen sie das Empfinden, Selbständigkeit sei ein Fehler.

Vertrauen/Misstrauen: Wenn Menschen immer vorgeschrieben wird, welche Beschäftigungen sie nachzugehen haben, statt ihnen die Möglichkeit zu geben, ihren Interessen und Vorlieben (Talent) für den Arbeitsprozess selbst zu bestimmen.

Druck: Überhöhte Erwartungen an die Leistungen des Menschen, blockieren die Eigenmotivation. Die aus sich selbst heraus kommende Motivation (intrinsisch) ist der Schlüssel zur Kreativität. Ein entscheidendes Element für die Förderung der Motivation, ist die Zeit und der Raum für Kreativität. Das erfordert Vertrauen der Führungskräfte und Mitarbeiter in die prozesshaften kreativen Arbeitsvorgänge.

Es ist unsagbar wichtig, dass die Führungskraft an die Kreativität der Mitarbeiter glaubt! Wodurch gelingt das?

> Glaube an die menschliche Kreativität
> Verzicht auf Kritik
> Genaue Beobachtung
> Unvoreingenommene Fragen

Glaube an die menschliche Kreativität: Damit ist gemeint bereit zu sein, sich unbedenklich auf etwas zu verlassen, auf sich selbst und die Mitarbeiter.
Wenn Mitarbeiter an sich glauben, dann wissen sie, dass sie eine Kraft in sich haben, auf die sie jederzeit zurückgreifen können. Diese Kraft ist ihre Kreativität. Sie geht damit in den Alltag/Arbeitsalltag über.

Verzicht auf Kritik: Es ist wichtig, dass Führungskräfte und Mitarbeiter lernen, die skeptische innere Stimme zum Schweigen zu bringen, die ihre Ideen zensiert, bevor sie ausgereift sind. Die innere Stimme der Kritik kann oft daran zweifeln lassen, dass sie überhaupt jemals eine brauchbare Idee zustande gebracht haben.

Genaue Beobachtung: Die Mitarbeiter müssen ermutigt werden, die Arbeitswelt mit den staunenden Augen eines Kindes und dem bestechlichen Blick eines Wissenschaftlers zu betrachten. Sie sind darin zu bestärken, alles was den Mitarbeitern begegnet, mit einem geschärften Bewusstsein und mit einer geschärften Wahrnehmung aufzunehmen.

Unvoreingenommene Fragen: Es gilt, die Mitarbeiter darin zu bestärken und die Bereitschaft zu fördern, unvoreingenommene Fragen zu stellen; denn es gibt keine dummen Fragen. Die einzige dumme Frage ist die Frage, die nicht gestellt wird.

Woraus erwächst unsere Kreativität?

1. Die Kreativität erwächst aus inneren Kräften, die alle Menschen in reichlichem Maße besitzen. Dazu gehört die Intuition, die Fähigkeit, etwas unmittelbar zu erkennen, ohne darüber nachzudenken.

2. Intuition erleben wir häufig als Ahnung oder blitzartige Eingebung, die nicht planbar ist.

3. Eine weitere Kraft ist der Wille zu Disziplin und Ausdauer. Der Wille ist die Energie, die wir zur Verwirklichung unserer Ziele brauchen

4. Ein weiterer Motor und Antrieb ist die Freude, Leidenschaft und Begeisterung.
Mit Freude ist das reine Vergnügen an einer bestimmten Tätigkeit gemeint, das oft Lohn genug ist: Man nennt das auch „aus sich heraus, intrinsisch".

5. Eine wichtige weitere Eigenschaft ist der Mut zum Risiko!
Zur Kreativität gehört der Mut, um die nötigen Risiken einzugehen.

6. Die letzte Voraussetzung ist Einfühlungsvermögen.

   Einfühlungsvermögen brauchen wir, um uns in andere Menschen hineinzuversetzen und um ihre Mühe würdigen zu können. Für die eigene Person bringt das Einfühlungsvermögen die Stimme der Selbstkritik zum Schweigen, die die Risikobereitschaft mindert.

Diese sechs leistungsfähigen Werkzeuge stehen uns zur Verfügung, um unsere Kreativität bewusst zu fördern.

Welche Voraussetzungen müssen im Unternehmen weiter geschaffen werden, damit der Mensch sein kreatives Potenzial nutzbringend für das Unternehmen entfalten kann?

Im Unternehmen ist es von großer Wichtigkeit, einen *„Raum für wahrhaftige Kreativität"* – örtlich, wie geistig – zu schaffen, in dem die Mitarbeiter angstfrei schöpferisch tätig werden können.
Dieser geschützte Raum, in dem sich die Menschen im Unternehmen, parallel zu ihrer Arbeitsprozess, zeitlich verantwortungsvoll zurückziehen können, dient als eine Übergangsphase zur Innovation (= Erneuerung). Er ist ein indirekter Möglichkeitsraum.

Dieser indirekte Möglichkeitsraum ist vollkommen losgelöst von den Arbeitsprozessen im Unternehmen – eine Art angstfreie kreative Zone, die von allen Menschen im Unternehmen geachtet und respektiert wird.
Diese angstfreie kreative Zone ermöglicht es, eingeprägte alte Denkprozesse durch ungewöhnliches, nicht vorhersehbares wahrhaftiges schöpferisches Handeln zu unterbrechen.

Die Gestaltung dieses Raumes für wahrhaftige Kreativität findet in Absprache mit den Führungskräften und Mitarbeitern statt.

Die Förderung des Mutes zur Kreativität, und zwar ohne Bewertung, ist dabei eine Vorstufe. Dadurch entsteht Selbstbewusstheit, die es ermöglicht, das Wissen aus alten Erfahrungen mit neuen Ideen zu verbinden.

Wichtig ist, dass die Kreativität keiner zielorientierten Handlung entspringt, die vom Bewusstsein gesteuert wird, sondern allein aus unserem Unterbewusstsein und unserer Intuition, aus unserer Wahrhaftigkeit.

Über die wahrhaftige Kreativität öffnen wir den Weg zu unseren eigenen Potenzialen und Talenten. Jeder Mensch, jeder Mitarbeiter besitzt kreative und intuitive Fähigkeiten, die verwirklicht werden wollen. Daraus entsteht die Erkenntnis, dass der Mensch/Mitarbeiter etwas *kann*.

Das Erkennen und richtige Einschätzen der eigenen Potenziale ist dabei kein egoistischer Akt, sondern bedeutet vielmehr die aktive Umsetzung der kreativen Potenziale in konkrete Handlungen. Daraus entsteht emotionale Intelligenz, die es ermöglicht, die Dinge aus einer anderen Perspektive zu sehen und sich in andere Menschen hineinzuversetzen, um so den Blickwinkel zu verändern für den Erfolg des Unternehmens.

Dies gelingt aber nur, wenn die Begrenzungen im Bewusstsein der jeweiligen Arbeitssituation des Menschen aufgehoben werden, die das Einnehmen von neuen Blickwinkeln bisher verhinderten (Betriebsblindheit).
Durch das Erleben der wahrhaftigen Kreativität entsteht gleichzeitig eine veränderte Wahrnehmung für die „Ist Situation" im Unternehmen. Alte eingefahrene Pfade können so erst erkannt und aufgelöst werden, um neue Arbeitsprozesse effektiv und gewinnbringend für die Zukunft zu gestalten.

Findet dann ein prozessorientiertes Arbeiten – Belohnung der Verbesserung durch neue Ideen und optimierte Arbeitsschritte – statt, entsteht eine größere Zufriedenheit, die die Wertschätzung am Arbeitsprozess an sich schon mit sich bringt und den Erfolg für die Zukunft sichert. Die Menschen im Unternehmen öffnen sich für die Erneuerung in ihnen, die gleichzeitig Innovation und Erfolg bedeutet.

Situation in der Kunst und in den Museen

"Jedes Kind ist ein Künstler. Das Problem besteht darin, wie es ein Künstler bleiben kann, wenn es aufwächst." (Pablo Picasso)

Welche Bedeutung hat in diesem Zusammenhang die Auseinandersetzung mit „Kunstwerken"?
Das Kunstwerk entsteht aus dem Erleben der Welt des Künstlers. Kunstwerke, liefern unserem Gehirn Bilder, die dieses mit Emotionen und Gefühlen verknüpft, die wir als Betrachter im Laufe unserer persönlichen Entwicklung angelegt haben. Der Künstler hat in seinem Kunstwerk seine Gefühle zur Materie werden lassen. Während der Entstehung ist seine schöpferische Kreativität geflossen. War er ganz im „Fließen lassen" inbegriffen, so hat sein gegenwärtiges „SEIN im Hier und Jetzt", seine wahrhaftige Kreativität erfahren.

Der Betrachter lässt sich darauf ein und ist offen dafür, nimmt diese Welt im Werk wahr. Das passiert, wenn ein Künstler in seinem Kunstwerk Informationen wiedergibt, die innere Welt der Menschen anrührt, ihr Fühlen, Denken, ihr Hoffen und Wollen, ihre Wünsche, Träume und Ängste auf immer neue Art und Weise erleben lässt und schließlich durch die Sprache der Formen und Farben zum Ausdruck bringt. Ist der Betrachter bereit, durch sein zeitsparendes identifizierendes Sehen hindurch zu seiner Wahrnehmung zu stehen und über die Welt des Künstlers zu seiner eigenen Welt vorzudringen, werden seine Emotionen aktiviert, die das materielle Resultat aus z.B. verklebten Pigmenten auf einem flächigen Untergrund zum Leben erwecken.

Die abstrakte und „moderne" Kunst fordern zum Wahrnehmen auf!

Das Wahrnehmen ist im eigentlichen Sinne des Wortes die Kopplung des visuellen Eindrucks an ein „inneres Sehen". Wahrnehmen ist mehr, als optische Signale zu empfangen. Wahrnehmen heißt, aufmerksam hinschauen, unvoreingenommen beobachten: Was ist das? Was sagt mir das? Habe ich auch nichts übersehen? Wer wahrnimmt prüft etwas Gesehenes auf seinen wahren Gehalt. Er fragt sich – wieder und wieder – ob und was er mit dem Gesehenen anfangen kann.

Die Zuweisung von Bedeutung ist dynamisch, im Sinne eines lernenden Systems, das auf bereits angelegte und auf eigene Erfahrungen aufbaut und reagiert.

Insofern weisen wir dem Gesehnen Bedeutung aufgrund unserer individuellen und kulturellen Erfahrung zu. Wir differenzieren unseren Gehirnspeicher durch jede neue Form der Erfahrung; wir lernen also – auch im Bereich von Einbildungskraft und Phantasie.

Das Sehen wird zum gestalterischen Akt, bei dem uns eine Form ins „Auge fällt" und wir einen unscheinbaren Ausschnitt festhalten, weil er uns an etwas erinnert.

Für die menschliche Wahrnehmung gilt also: Differenzierung entsteht durch die Schulung des Sehens: d.h. des deutenden Sehens, aus sich heraus, ohne vorgefertigte Meinung.

Im Auswählen und Wahrnehmen liegt auch etwas Gestaltendes und das setzt eine besondere Sensibilität der Wahrnehmen voraus: nämlich die Unterschiede zu anderen zu bemerken und das auch dort, wo viele nichts bemerken. Das ist ein Lernvorgang und zeugt von der menschlichen Eigenschaft der Neugier und der Suche nach dem, was noch nicht da ist. Das hat mit Spiel zu tun und mit der Bereitschaft, sich auf den „Zufall" einzulassen.

Für den Künstler hat es aber auch damit zu tun, sich mitzuteilen oder sich über etwas klar zu werden, Zeichen zu finden, innere Zustände, Vorstellungen im Bild zu verdichten.

Der „Künstler" ist ein Suchender. Er bewegt sich im Durchblicken um die Wirklichkeit herum, um diese immer neu zu erkennen und ihre Begrenzungen abtastend nach Auswegen, neuen Durchblicken und Ausblicken.

Es bedeutet eine der durchgängigen Linien im Verlauf der Entwicklungen der Wissenschaften und der Künste, dass eine ihrer Augenmerke auf die Wahrnehmung und die Erkenntnisse der Realität gerichtet ist.

Daneben befinden sich jene anderen, deren Ziel das Erkunden der anderen Seite der Wirklichkeit ist, des *Dahinterliegenden*, des *Nochunbekannten*, und die trotzdem Bewahrer des Geheimnisvollen sind.

Das Erkennen dessen, was ist, geht nicht selten einher mit der Frage nach dem, was nicht ist, aber sein könnte!

Die Faszination von dem, was jeweils anders erscheint, wird gespeist durch die Überzeugung, dass sich das Wesen der Wirklichkeit erst aus der Beleuchtung der unbeleuchteten Seite ergibt.

Die Wahrnehmung wird mithin stets in doppelter Weise beeinflusst, zum einen durch das Kunstwerk selbst, als einer komplexen Einheit mannigfaltiger künstlerischer Entscheidungen, und zum anderen durch den Betrachter mit all seinen Fähigkeiten und Voraussetzungen.

Durch das „Versagen" der Deutung des Bildes als „Darstellung einer bekannten Lebenssituation" werden kreative Denkmöglichkeiten im Betrachter aktiviert. Wir lernen, tolerant und liebevoll mit anderen Sichtweisen und Lebenseinstellungen umzugehen. Eine wunderbare Möglichkeit, die uns „die Künste" und Künstler bieten.

Die Unterscheidung zwischen SEHEN und WAHRNEHMEN ist uns im Alltag gewöhnlich nicht bewusst. Wir lernen sie in der Regel auch nicht in der Schule. Für die Entwicklung von emotionaler Intelligenz und Soft Skills handelt es sich hier jedoch um essentielle Basiskompetenzen.

Jürgen Fritz, Leiter des Instituts für Medienforschung und Medienpädagogik an der FH Köln, weist auf diesen Sachverhalt wie folgt hin: *„Mit dem Begriff Wirklichkeit haben wir so unsere Schwierigkeiten. Unabhängig von den Menschen und ihrer Wahrnehmung scheint es etwas geben zu müssen, auf das wir Augen, Nase Hände, Ohren richten können. Dieses Etwas nennen wir die Wirklichkeit. Aber eben diese Wirklichkeit können wir gar nicht wahrnehmen. Das hängt mit der Eigenart unserer Wahrnehmung zusammen. Was wir wahrnehmen ist ein vielschichtiger und ineinander verwobener Prozess der Auswahl und Deutung von Sinneseindrücken im menschlichen Gehirn. So erscheint es uns jedoch nicht. Wir haben vielmehr den Endruck, dass unsere Wahrnehmung in direktem Kontakt mit der Wirklichkeit steht. Die von uns durch die Wahrnehmung erschlossene sinnliche Welt ist demnach ein Konstrukt des Gehirns".*[21]

Der reine physische Sehvorgang beinhaltet für den Menschen die Gefahr, durch Reizüberflutung förmlich K.O. geschlagen zu werden. Damit dies nicht passiert, hat die Natur den überlebenswichtigen Prozess der Selektion und Interpretation von Reizen erfunden. Ich sehe nicht, was mir mein Auge an Daten zur

---

[21] Fritz, Jürgen, „So wirklich wie die Wirklichkeit", in „ Computerspiele" Bundeszentrale für politische Bildung, Bonn (2003)

Verfügung stellt. Ich sehe stattdessen ausschließlich das, was mein Gehirn aus der Datenfülle herausfiltert und interpretiert. So nützlich diese Selektion und Interpretation von Lichtimpulsen bzw. Sinnesreizen auch ist, genau an dieser Stelle verabschiedet sich der Mensch von der objektiven Welt und erschafft sich seine eigene subjektive Realität. Unsere Wahrnehmung wird auch durch Gewohnheiten und Überzeugungen beeinflusst: Wir glauben, was wir sehen und sehen das, was wir glauben.

Das heißt mit anderen Worten: Jeder Mensch konstruiert sich Wirklichkeit durch die Übersetzung äußerer Ereignisse in seine ganz persönliche Sprache des Gehirns. Die Verknüpfung von Reizen mit Bedeutung (Interpretation) ist dabei dynamisch. Wir haben es hier mit einem lernenden System zu tun, welches sowohl auf biologisch bereits angelegte als auch auf eigene Erfahrungen auf gebaut und reagiert.

Im täglichen Leben kann dies zur Folge haben, dass 100 Menschen ein und dasselbe Objekt sehen, um es auf 100 verschiedene Weisen wahrzunehmen. Ob wir ein Glas halbleer oder halbvoll wahrnehmen, hat nichts mit den dem Auge übermittelten Lichtimpulsen zu tun. Die Anreicherung des gesehenen Bildes mit einer Bedeutung ist Folge unserer Wahrnehmung.

Die hier angesprochene Auseinandersetzung mit moderner Kunst hat nichts mit Kunstanalyse zu tun nach dem Prinzip, *„Was will uns der Künstler X mittels Y sagen?"* Diese Form von der linken Gehirnhälfte ablaufender, logisch rationaler Analyse von Kunst aktiviert sequentielles Denken, leistet jedoch keinen entscheidenden Beitrag zur Förderung des eigenen Gefühlszugangs und der daraus veränderten Wahrnehmungsfähigkeit.

Mein Modell *„Raum für wahrhaftige Kreativität"* besteht genau darin, Menschen vom tranceartigen, unbewussten, Objekte oberflächlich scannenden und identifizierenden Sehen hin zur bewussten Wahrnehmung hinzuführen und sie durch das Erleben ihrer wahrhaftigen Kreativität eine neue Erfahrung machen zu lassen, die Ihren Blickwinkel verändert und erweitert.

Genau diese Fähigkeit über das Erleben der eigenen Gefühle zur bewussteren Wahrnehmung ist Grundvoraussetzung für viele weiche Faktoren.

Schlussbetrachtung

Soeben kam der Film *„ Work hard, play hard"* in deutsche Kinos.
In verschiedenen parallel aufgeführten Episoden gehen die Autoren auf die Methoden ein, mit denen heutzutage diverse große und renommierte Unternehmen versuchen, das Engagement ihrer Mitarbeiter zu verbessern und die ökonomischen Kennzahlen ihrer Firmen zu erhöhen.
Im Wesentlichen zeigt der Film, wie gerade in unserer Zeit vornehmlich „von oben", also extrinsisch, durch Vorgaben und Anweisungen über die jeweiligen Führungsetagen an die Mitarbeiter versucht wird, erfolgreicher zu werden.
Letztendlich vermittelt dieser Film dabei ein – aus Sicht der Mitarbeiter – recht tristes Bild. Kaum vorstellbar, dass Methoden, bei denen Beaufsichtigung, Bewertung und damit Druck, nicht selten auch Gängelung eher im Vordergrund stehen, um die Unternehmersziele zu erreichen.
Viel eher, so scheint es, wird Misstrauen geerntet, anstatt Vertrauen gesät.

Genau aus diesem Grund sind mir die Ergebnisse der moderne Hirn-, Bindungs- und Kreativitätsforschung, welche die Bedeutung von positiven Gefühlen wie Freude, Anerkennung und Wertschätzung für Mitarbeiter in Unternehmen für Schüler in Schulen und allgemein für Menschen im sozialen Umgang haben, so wichtig.
Noch entscheidender ist jedoch, welche Wertschätzung wir uns selbst entgegenbringen, und wie wir mit Mut unsere Gefühle ausdrücken können.
Unsere Sinne spielen dabei eine bedeutende Rolle; denn unser Gehirn verbindet Gefühle und Sinneseindrücke mit harten Fakten.
Will man in Unternehmen zukünftig erfolgreich bleiben oder werden, muss man innovativ sein.
Innovationen aber setzen voraus, dass vorhandenes Wissen mit neuen Wahrnehmungen und Erfahrungen verbunden wird, und dafür bedarf es der *intrinsischen* Motivation der Mitarbeiter. Dazu benötigen sie die Chance auf die freie Entfaltung ihrer Potenziale. Das geht jedoch nur, wenn sie ihre vertraute Routine verlassen können, um ohne Druck und Angst ihren Vorstellungen und Ideen freien Raum zu geben:
Sie brauchen einen *„angstfreien Raum für wahrhaftige Kreativität"*.

Nur so können wir alle uns vorübergehend mit Freude und ohne Kritik von vorgefassten leistungsdefinierten Bildern befreien. Dabei ist unsere wahrhaftige Kreativität immer ein „unbekannter Übergangsraum" neuer Möglichkeiten; denn durch unser Handeln, sprich durch die Urform des Ausdrucks, das Malen in der frühen Kindheit – ohne äußeres Ziel, nur aus uns heraus und für uns selbst – offenbart sich etwas Neues in uns.
Diese neue Selbstwahrnehmung ist von unsagbarer Wichtigkeit und erzeugt neue Verbindungen im Gehirn; denn davon gibt es noch kein abgespeichertes Bild mit der dazugehörigen Erfahrung.

Findet anschließend eine Verbindung zu dem vorhanden Wissen statt, entstehen Mut und Neugierde, um neue Herausforderungen anzunehmen, eigene Blickwinkel zu verändern und neue Lösungsansätze zu entwickeln.

Erst durch unsere *„wahrhaftige Kreativität"* kommen wir in genau den *„Flow"*, der Neues möglich macht. Unternehmen sind mit herkömmlichen Methoden sonst nur schwer, wenn überhaupt, in der Lage, dies herbeizuführen.
Mein Modell ***„Raum für wahrhaftige Kreativität"*** bietet diesen Schlüssel zum Erfolg.

So wie Unternehmen erst durch die aktive Förderung *wahrhaftiger Kreativität* langfristig und dauerhaft erfolgreicher werden, können auch Schulen den Lernerfolg ihrer Schüler maßgeblich steigern und Museen ihre Bedeutung und Popularität am Ort verbessern, selbst wenn sie nicht mit besonders renommierten Ausstellungen gesegnet sind.

Wahrhaftige Kreativität erzeugt in uns allen ein Gefühl von Klarheit und Kraft. Mit ihr lösen und unterbrechen wir durch unsere Bereitschaft zum Handeln die Starre in unseren Gehirnstrukturen und bringen einen neuen Fluss in Bewegung.

Literaturhinweise

Arnheim R., „Kunst und Sehen", De Gruyter, Berlin, New York (1978)

Bauer, J., „Lob der Schule", Hoffmann & Campe-Verlag (2007)

Bauer, J., „Warum ich fühle, was du fühlst. Intuitive Kommunikation und das Geheimnis der Spiegelneuronen" (2005)

Buckingham, M., C. Coffman, „First, Break All the Rules: What he World's Greatest Managers Do Differently", Simon & Schuster (1999)

Buckingham, M., C. Coffman, „Erfolgreiche Führung gegen alle Regeln", Campus (2005)

Buckingham, M., D. O'Clifton, „Entdecken Sie Ihre Stärken jetzt! Das Gallup-Prinzip für individuelle Entwicklung und erfolgreiche Führung", Campus (2011)

Cameron, J., „Der Weg des Künstlers – Ein spiritueller Pfad zur Aktivierung unserer Kreativität", Knaur (1996)

Evertz, K., „Der Ursprung der Bilder – Pränatale Wahrnehmung, Ästhetik und Kunst", Int. J. of Prenatal and Perinatal Psychology and Medicine 10, No. 3(1998)

Fehse, E., „Das Wissen vom Lernen", Filmbeitrag im ZDF in Zusammenarbeit mit Arte (2005)

Fritz, J., „So wirklich wie die Wirklichkeit", in „ Computerspiele" Bundeszentrale für politische Bildung, Bonn (2003)

Goleman, D., P. Kaufmann, M. Ray, „Kreativität entdecken", hansa-Verlag (1997)

Hartmann, U., U. Schneider, H. M. Emerich, „Auf der Jagd nach dem Glück", Gehirn &Geist (04-2002)

Holm-Hadulla, „Kreativität, Konzept und Lebensstil", Vandenhoeck & Ruprecht (2005)

Hüther, G., „Du bist Deutschland, Gehirn und Gefühle", Quelle: Internet (www.psychophysik.com)

Keysers, C., „Im Spiegel der Gefühle: Die Erkundung der Empathiefähigkeit", Neuro-Kongress Düsseldorf (2005)

Kuhl, J., „Lehrbuch der Persönlichkeitspsychologie: Motivation, Emotion und Selbststeuerung", Hogrefe (2009)

Lipton, B.H., „Intelligente Zellen – Wie Erfahrungen unsere Gene steuern", KOHA-Verlag (2007)

Spitzer, M., „Lernen – Gehirnforschung und die Schule des Lebens" Spektrum Akadem. Verlag (2002)

Stern, A., „Das Malspiel und die natürliche Spur - Malort, Malspiel und die Formulation", Drachen Verlag (2008)

Tesche-Mentzen, A., H. Koelbl, „Kunst von Kindern", Frederking & Thaler-Verlag (2002)

Vita

1965 in Schwalmstadt, Hessen geboren.

1986 – 1992 Studium der Kunstgeschichte, Klassischen Archäologie und Pädagogik an der Justus-Liebig-Universität in Gießen mit dem Abschluss des Magister Artium.

1992 – 1999 Inhaberin der Galerie RAUM FÜR KUNST, Gießen und Ratingen.

1997 – 2001 Presse- und Öffentlichkeitsarbeit für die Stadt Ratingen sowie den Ernst Klett- und Brockhaus-Verlag und den Studienkreis.

2001 – 2003 Seminarschulung zur Museumspädagogin und Museumsmanagerin. Aufbau eines museumspädagogischen Bereiches.

2004 – 2006 Geschäftsführung der Winzig-Stiftung, Wuppertal: Leitung und Repräsentation einer Stiftung mit den Förderschwerpunkten Frühkindliche Entwicklung, Bildung und Neurowissenschaft.

2006 – 2007 Projektkoordinatorin für das Jugendkulturjahr 2007 in Ratingen.

2008 – 2011 Wahrnehmungs- und Persönlichkeitsentwicklung als Schlüssel zur Kreativität: Seminare, Vorträge und Workshops

2011 – 2012 Konzeption und Umsetzung meines Modells „Raum für wahrhaftige Kreativität" sowie neue Konzepte zu den Themen Hirnforschung und Kreativität im deutschsprachigen Raum.

Intervalltraining für Auszubildende der Provinzial-Versicherung Westfalen zum Thema „Mit Spaß und Leichtigkeit zum Erfolg".

Mein Dienstleistungsangebot:

„Raum für wahrhaftige Kreativität"
für Unternehmen, Schulen und Museen

In Unternehmen und Institutionen werden Räume für wahrhaftige Kreativität platziert, die parallel zum Arbeitsprozess den Mitarbeitern die Möglichkeit geben, ihr kreatives Potenzial, ihren FLOW, zu leben und daraus neue Handlungsfähigkeiten zu entwickeln.
Dazu biete ich Vorträge, Workshops und Beratungen an, die eine Weiterbildung und Stärkung der Soft Skills der Mitarbeiter in den Mittelpunkt stellen.

Im Vordergrund steht dabei, dass die Menschen aus eigener Kraft ihre Räume der wahrhaftigen Kreativität gestalten und nutzen, um so selbstbewusst neue Visionen und Innovationen für ihr Unternehmen aktiv auf den Weg zu bringen.

In Schulen werden ebenfalls Räume für wahrhaftige Kreativität geschaffen, um neben dem Unterricht den Schülern und Lehrern die Möglichkeit zu geben, sich selbst schöpferisch zu erleben.
Dies dient der Selbstbildung, der sozialen Kompetenz und der emotionalen Intelligenz und läuft parallel zu den Lehrplänen ohne Bewertung und Benotung ab.

In Museen werden Räume für wahrhaftige Kreativität geschaffen, um den Mehrwert für die Besucher zu steigern. Das Entdecken der eigenen kreativen Potenziale dient dem *audience development* und verfolgt gleichzeitig einen interkulturellen Ansatz.
Durch die eigene wahrhaftige Kreativität erfahren die Besucher die Erfolgsmomente eines Künstlers.
Es geht nicht darum, Malversuche psychologisch aufzuarbeiten, sondern vielmehr darum, dass kreative schöpferische Fähigkeiten im Menschen fühlbar werden.

www.raum-fuer-kreativitaet.de   www.raum-fuer-kreativitaet.com